16	3	2	13
5	10	11	8
9	6	7	12
4	15	14	1

Guilherme Gontijo Flores

SEU DEDO
É FLOR DE LÓTUS

Poemas de amor do Antigo Egito

editora■34

EDITORA 34

Editora 34 Ltda.
Rua Hungria, 592 Jardim Europa CEP 01455-000
São Paulo - SP Brasil Tel/Fax (11) 3811-6777 www.editora34.com.br

Copyright © Editora 34 Ltda., 2023
Seu dedo é flor de lótus © Guilherme Gontijo Flores, 2023

A FOTOCÓPIA DE QUALQUER FOLHA DESTE LIVRO É ILEGAL E CONFIGURA UMA
APROPRIAÇÃO INDEVIDA DOS DIREITOS INTELECTUAIS E PATRIMONIAIS DO AUTOR.

Imagem da capa:
"Seu dedo é flor de lótus", trecho do Papiro Chester Beatty I,
séculos XIII-XII a.C., Chester Beatty Library, Dublin

Capa, projeto gráfico e editoração eletrônica:
Franciosi & Malta Produção Gráfica

Revisão:
Alberto Martins
Beatriz de Freitas Moreira

1ª Edição - 2023

CIP - Brasil. Catalogação-na-Fonte
(Sindicato Nacional dos Editores de Livros, RJ, Brasil)

	Gontijo Flores, Guilherme
G339s	Seu dedo é flor de lótus: poemas de amor do Antigo Egito / Guilherme Gontijo Flores — São Paulo: Editora 34, 2023 (1ª Edição). 176 p.

ISBN 978-65-5525-158-6

1. Poesia brasileira contemporânea.
2. Poesia egípcia. I. Título.

CDD - 869.1B

SEU DEDO
É FLOR DE LÓTUS
Poemas de amor do Antigo Egito

Nota:
O portão entreaberto, *Guilherme Gontijo Flores* 9

O passeio 11
Três chamados 23
Canção de Nakht-Sobek... 29
O jardim 41
Contra a corrente.. 49
Sete desejos 61
Entre pântano e rio 71
Passarinheira.. 85
Canção das flores 97
Dois fragmentos.. 103
Fragmentos diversos.. 109

Posfácio:
Antes do original: a poesia amorosa do Antigo Egito,
    Guilherme Gontijo Flores....................................... 123

Referências bibliográficas... 167
Sobre o autor 173

para Nanda

O portão entreaberto

Guilherme Gontijo Flores

Este livro se fez num encontro entre tradução e autoria, no lugar mesmo em que me dou quando pretendo fazer poemas. É todo feito de traduções de uma língua que estudei apenas em parte, mas com obras a que me entreguei de um modo muito singular, por isso assino como um livro de poemas meu, tomo liberdades que não me dei em outros trabalhos estritamente tradutórios, então é e não é tradução *stricto sensu*. Fique esse equívoco dito e redito, espalhado por todos os cantos nestas páginas. Mas o desejo que moveu até aqui tem uma história repleta de duplos; quem quiser conhecê-la melhor, vai encontrar detalhes no posfácio.

Para quem quiser partir direto para os poemas que aqui se apresentam e ler este livro como poesia imediata, sem se deter em outras considerações técnicas e filológicas, valem algumas dicas. Em primeiro lugar, os poemas deste livro foram traduzidos do egípcio médio, com consultas a várias traduções modernas de especialistas que me guiaram por meandros muitas vezes labirínticos; assumo que não tenho pretensões de me tornar egiptólogo, mas não podia mais adiar essa aventura que me fascinava. Como rastro desse lugar instável, adianto que os títulos de cada seção são da minha própria lavra, como um gesto a mais de assinatura, e também as notas, como um gesto de distanciamento. Por fim, o ponto vermelho que o leitor encontra ao final de cada articulação rítmica, bem como o hieróglifo de pausa ao fim de cada poema, são derivados de práticas egípcias; mas a disposição das linhas como quase-verso, quase-prosa, a quebra de estrofe, e a organização rítmica quase-métrica são criações minhas para tensionar no presente uma poesia de respirações sobre o branco da página. Sonho que sejam lidas como uma materialização do alento corporal do poema, um gesto que procura vozes em cada pessoa que o lê. Um livro de amor, um corpo de sopros.

O passeio

Aqui começam ditos daquela que alegra o coração

única irmã inigualável • a menina mais linda •
vejam Sótis que nasce • no início do ano fasto •
reluz preciosa rútila • de lindos olhos quando lança o olhar •

mel é seu lábio quando fala • sem desmesura na palavra •
longo seu colo claro o seio • cabelos de lápis-lazúli •
seu braço vence o ouro • seu dedo é flor de lótus •
sua anca larga fina cinta • a coxa porta o belo •
amável sobre o solo • detém meu coração em cativeiro •

ela faz com que todo rosto • se vire só pra vê-la •
feliz de quem a abraça • eis o maior amante •

quando ela sai de casa • é como a outra Única ﹏

Segunda estância

o irmão me turva o coração com sua voz • me lança na
   doença •
é vizinho da minha mãe • mas nunca chego nele •

faz bem a mãe em me dizer • você nem tente vê-lo •
o coração já pena de pensá-lo • assombrada de amor •

reparem como é bobo • eu sou igual •
não supõe meu desejo de abraçá-lo • nada escreveu à
   minha mãe •

irmão estou no teu destino • por sina da Dourada •
venha conceda ver tua beleza • que pai e mãe se alegrem •
que aclame toda a parentela • te aclame meu irmão ﺪﻟ

Terceira estância

rumou meu coração pra ver beleza dela • sentado em sua
    casa •
na via vi Méhy em seu carro • cercado por amantes • sem ter
    como escapar •

aperto o passo para ultrapassá-lo • mas veja a estrada é como
    o Nilo •
nem sei mais onde pôr os pés • o coração é mesmo bobo •
    querer passar por Méhy? •

olhe mas se passar na frente dele • eu vou contar a angústia •
eu te pertenço sim e vou dizer • vou me alistar nas presas •
    que seguem passos do teu rumo ⌐

Quarta estância

escapa o coração com toda pressa • se penso em teu amor •

nunca me deixa agir igual aos outros • mas salta para fora •
não me deixa vestir a minha túnica • cobrir-me com meu
    manto •
nos olhos já não passo maquiagem • óleos perfumes nada •

não pare até chegar naquela casa • me diz se penso nele •

não me faça de boba coração • pra que tanta besteira •
sente se aquiete até chegar o teu irmão • então também serei
    assim •
não vá deixar que digam sobre mim • enlouqueceu de amor •

e fique firme se pensarmos nele • meu coração mas não me
    escape ⌐

Quinta estância

como adoro a Dourada • venero a majestade •
louvo a Dama do Céu • a Hathor incenso • agradeço à
Senhora •
pois ouve de onde está a minha súplica • entrega-me à
senhora •

ela chegou aqui por conta própria • que deleite delíquio •
que delírio delícia que dilúvio • se digo ela chegou •
pois mal pousa os amantes se reclinam • por ser tamanho
amor •

por isso rezo à minha deusa • me dê a minha irmã •

há quatro dias faço a minha súplica • mas ela me deixou
há cinco

Sexta estância

passei em frente à casa dele • o portão entreaberto •
o meu irmão estava junto à mãe • junto de seus irmãos •

o seu amor assalta os corações • que passam por ali •
pelo garoto lindo inigualável • irmão de mais caráter •

ele me olhou no instante em que passava • em delírio me ri •
que gozo de alegria ao coração • irmão só de te ver •

se a mãe soubesse do meu coração • entraria também •
ponha isso no seu coração Dourada • que voarei pra ele •
vou beijá-lo na frente da família • sem ter pudor de nada •

vou me exultar ao ver que todos sabem • que você me
        conhece •
um festim eu farei à minha deusa • o coração agora salta •
anseia em ver o meu irmão à noite • que sorte de passada ﺪ

Sétima estância

sete dias sem ver a minha irmã • a doença me alcança •
pesam-me os membros • mal sinto o próprio corpo •

se um médico vier me visitar • remédio não remenda o
    coração •
aqui os sacerdotes não têm método • não tem nome o
    meu mal •

dizer ela chegou me reanima • seu nome me levanta •
somente o vaivém dos mensageiros • me ressuscita o
    coração •

a irmã é meu melhor remédio • mais que os receituários •
    sua entrada é meu amuleto •
de vê-la revejo a saúde • se fala fico forte • se abrir os
    olhos já rejuvenesço •
o seu abraço me expulsa a doença • mas me deixou há
    dias sete

Notas

Os poemas da seção "O passeio" provêm do Poema 1 do Papiro Chester Beatty I, que data provavelmente dos séculos XIII ou XII a.C.

Os termos "irmão" e "irmã" tradicionalmente designam os amantes na poesia amorosa egípcia, porque os gêmeos seriam a figuração da maior proximidade imaginável. Porém, como lembra Michael Fox, essa designação não indica nenhuma prática de casamento entre irmãos.

Para informações sobre as obras e os autores citados nestas notas, remeto às referências bibliográficas ao final do volume e também a meu posfácio "Antes do original: a poesia amorosa do Antigo Egito".

Aqui começam ditos daquela que alegra o coração

Sótis é o nome egípcio para a estrela Sírio; ela costumava aparecer mais forte no começo do ano egípcio, em julho (daí talvez ser a Única), durante o período de cheia do Nilo, que fertilizava as margens.

flor de lótus é índice de criação e regeneração; pode ser entendida como um símbolo do ventre donde o sol nasce a cada dia, a cada vez que o lótus abre pela manhã.

lápis-lazúli, segundo Bresciani, designa aqui cabelos negros e brilhantes.

a Única é provavelmente Hathor, deusa do amor e da música; porém também poderia ser Sol (deusa feminina) ou mesmo Sótis.

Segunda estância

a Dourada é a deusa Hathor.

Terceira estância

Méhy é uma figura misteriosa no poema. Parece ser algum tipo de divindade amorosa (ou um nobre) à qual o jovem apaixonado se submete. Segundo Michael Fox, por homonímia, seu nome evocaria o linho, uma armadilha ou então uma guirlanda, temas que podem se relacionar com a temática amorosa. Por fim, sua grafia também poderia ser uma abreviação do nome comum *Amenemheb*, o que faria com que pudesse ser identificado, por exemplo, com Amenófis II (1438-1412), príncipe da Dinastia XVIII. Se for uma pessoa, é o único nome pessoal que aparece em todo o *corpus* da poesia amorosa egípcia. Mathieu (1996) argumenta bem que, mesmo que não saibamos quem é Méhy, sua função no poema é clara: impedir que o irmão chegue à casa da irmã. Já Navratilová e Landgrafová (2009) demonstram que o texto é ambíguo e que a aparição de Méhy também pode ser lida como uma intervenção homoerótica. Tentei preservar essa ambiguidade das motivações do jovem.

me alistar nas presas. Neste penúltimo verso, temos um problema interpretativo; seria possível ler também, em vez das "presas" (aves capturadas ou a própria arapuca), o serralho do palácio.

Quarta estância

escapa o coração com toda pressa. Segundo Pascal Vernus, essa imagem retoma o motivo do funcionamento dos órgãos em seus devidos lugares; assim, o coração é a sede do intelecto e dos sentimentos e, ao tentar sair de seu lugar, pode arruinar a harmonia corpórea.

teu amor, segundo Fox, tem duas acepções de base: em primeiro lugar, "meu amor por você"; em segundo, mas também importantíssimo, pode ser uma alusão erótica, até mesmo diretamente fálica. Deve-se ter em mente as duas acepções na leitura da poesia amorosa egípcia.

então também serei assim. Há divergências profundas na leitura deste verso; segui a proposta de Michael Fox, que entende que a jovem promete ao próprio coração que, quando seu amado chegar, ela também agirá de modo insano.

Três chamados

1.

venha venha veloz à tua irmã • feito um veloz arauto •
se o coração do rei espera novas • anseia por ouvi-las •

pra ele todo estábulo está pronto • com seus corcéis nas
    mudas •
em seu lugar se atrela a carruagem • sem pausas nessa
    estrada •

só quando alcança o lar de sua irmã • sorri seu coração ﻼ

2.

venha venha veloz à tua irmã • feito um régio corcel •
o mais seleto de tantos milhares • o principal do estábulo •

pela forragem já se vê seu passo • o dono sabe o trote •
se escuta o som do chicote estalando • não pode ser parado •
nenhum chefe das tropas estrangeiras • saberia amansá-lo •

o coração da irmã bem sabe • que está perto da irmã ﾟ

3.

venha venha veloz à tua irmã • feito gazela no deserto •
de patas bambas fatigadas • pavor no corpo •

um caçador a segue com seu cão • sem ver o pó •
todo refúgio cheira a armadilha • o rio é sua estrada •

que antes de quatro beijos sobre a mão • você penetre a
    gruta •
vamos persiga o amor da irmã • que a Dourada destina •
    o meu amigo ⌐

Notas

Os poemas da seção "Três chamados" provêm do Poema 2 do Papiro Chester Beatty I.

2.

O primeiro verso é completado pelos filólogos, para ser igual ao primeiro de 1 e de 3.

3.

quatro beijos. O número quatro, no Egito, simbolizava a perfeição, a plenitude e a estabilidade; aqui ele serve também para exprimir intensidade.

a Dourada é a deusa Hathor, que já aparece em "O passeio".

Canção de Nakht-Sobek

Aqui começam doces versos achados na coletânea por Nakht-Sobek escriba da Necrópole

1.

quando trouxer aquilo até o lar da irmã • num jorro em
    sua gruta •
o portão estará desferrolhado • a pérgola vai transbordar •

ceda canto dança cerveja vinho • de tua melhor reserva •
excite assim os seus sentidos • leve essa noite a cabo •

ela dirá me tome em teu abraço • juntos até a aurora

2.

quando trouxer aquilo até o átrio da irmã • sozinha sem
    ninguém •
complete o teu desejo pela tranca • o salão vai tremer •

em leve brisa o céu deve descer • pelo sopro do vento •
levando seu perfume • que inunda em cheiros • excita
    tudo em todos •

a Dourada a envia como oferta • pra repletar teus dias �

3.

que experta minha irmã lançando o laço • porém não prende
  gado •

com seu cabelo é que me enlaça • com seu olhar me puxa •
com seu colar é que me trava • com seu sinete me assinala ↵

4.

por que você questiona o coração • persiga abrace a moça •

Amon vive • sou eu que te procuro • com a roupa nos
ombros

5.

meu irmão vai à fonte ● seu pé pisa a ribeira ●
prepara o altar do dia ● com a melhor cerveja ●
revela os tons do torso ● é mais alto que largo ﻝ

6.

mas tudo que passei com minha irmã • acaso vou calar •
me deixou plantado à porta da casa • enquanto ela
    adentrava •
nem me falou bem-vindo lindo • fechou o ouvido à minha
    noite ᴗ

7.

passei num transe à sua porta • bati ninguém abriu •
que bela noite pra um porteiro • ah trinco eu vou te abrir •
tranca você é meu destino • é meu demônio •
por dentro nosso boi será imolado • tranca não faça
    resistência •

imolo um boi ao trinco • bezerro ao limiar •
ganso gordo ao umbral • banhas à padieira •

mas os melhores cortes desse boi • vão para o Pai das
    Artes •
pra nos fazer trinco de juncos • tranca de palha •

assim a todo instante o irmão iria • achar aberta a casa
    dela •
achar a cama com lençóis de linho • mocinha linda •

a moça vai dizer a casa • pertence ao filho do vizir ﺰ

Notas

Os poemas da seção "Canção de Nakht-Sobek" provêm do Papiro Chester Beatty I. Nakht-Sobek não é o autor destes versos, mas o escriba que os transcreveu. É provável que ele tenha vivido na Dinastia XX (segunda metade do século XII a.C.). Hana Navratilová e Renata Landgrafová (2009) sugerem que Nakht-Sobek poderia ser até uma espécie de usurpador, já que o texto em que seu nome aparece está escrito sobre outro apagado.

1.

aquilo. Como observa Fox, em sua origem, o termo parece um designativo neutro inexplicado, que pode ter sentido sexual, daí a opção por "aquilo". Já Edda Bresciani entende que o designativo retomaria o título do poema, "os doces versos".

4.

Amon, ou Amun, é um deus dos ventos, porém durante o período conhecido como Novo Reino ele passa a ser o deus principal, uma espécie de chefe de Estado divino. Seu nome significa "o oculto"; aqui seu nome funciona como uma espécie de juramento.

5.

prepara o altar do dia/ com a melhor cerveja. Os versos se encontram em estado de difícil decifração, crio a meu modo, entre as traduções.

7.

demônio, o termo original, *akh*, em geral indica o espírito de um morto, ou um gênio, até mesmo um gênio bom (assim quase todos os tradutores verteram o termo), como um *dáimon* grego; mas, pelo contexto e seguindo os comentários de Michael Fox, creio que seja mais um demônio, no sentido de um *dáimon* nefasto.

Pai das Artes é um epíteto possível para Ptah, deus demiurgo de Mênfis, patrono das artes e juiz dos mortos. Outra possibilidade seria verter por "O carpinteiro", mas sigo a sugestão de Mathieu.

filho do vizir. Este verso está seriamente afetado em seu entendimento. Sigo a reconstrução de Pascal Vernus, que semelha a de Emanuel Araújo. O cargo de vizir era responsável pela administração geral de uma cidade, um equivalente ao nosso prefeito. Vernus supõe que a jovem aqui sugeriria não que pertence à casa do vizir, mas sim que sua preparação seria digna de um vizir. Bresciani sugere que possa haver um trocadilho com o nome do amado.

O jardim

1.

o sicômoro move o lábio e diz •

meu grão parece o dente dela • meu fruto o seio dela •
    sou a mais bela planta do jardim •
eu permaneço em todas estações • que a irmã passou com
    seu irmão •
ébrios à minha sombra • vinho e cerveja de romã • em
    banhos de moringa e bálsamo •

todas as plantas menos eu • perecem neste prado • mas vivo
    os doze meses no jardim •
eu resisti lancei a minha flor • eu guardo em mim o ano que
    vem •
dos companheiros sou primeiro • mas consideram secundário •

se repetirem aquela ação • eu não me calarei • do seu amigo •
assim o seu malfeito será visto • a amada castigada •
pra nunca mais passar de novo o dia • entre caules e lótus •
flores de lótus e ramos de lótus • óleos cervejas vinhos •
    de todo tipo •
que ela te ceda um dia de deleites • num refúgio de juncos •

veja como ele é verdadeiro • vamos louvá-lo •
vamos passar o dia inteiro • no seu abrigo ↵

2.

o figueiro manda os lábios e as folhas pra dizer •

veja o que faço • venho à senhora •

seria alguém mais nobre do que eu • porém se não há servos •
serei o servo • vindo da Síria • como butim da amada •

ela me pôs no seu jardim • sem libação • no dia de beber •
meu tronco não se encheu • com água do odre •

eu só servi pra diversão • deixado à sede •
se meu *ka* vive • meu bem você vai ter a paga ⌐

3.

a pequena sicômora que ela plantou com as próprias mãos
   manda os lábios pra falar •

o orvalho de seus lábios • é mel de abelha •
ela é linda adorável no jardim • viçosa verdejante •
carregada de frutos verdes e maduros • mais carmesim que
   o jaspe •
as suas folhas são turquesa • sua casca é faiança •
seu lenho é malaquita • sua raiz é funcho •
atrai quem não está debaixo dela • à sombra fresca •
manda mensagem na mão da menina • filha do mestre-
   -jardineiro • manda pra amada •

venha passar o dia junto às jovens • o prado é pura festa •
aqui debaixo há tenda e barracão • meus donos gozam de
   te ver •
mande teus servos virem antes • preparados pra tudo •
a gente se embriaga quando vem a mim • sem nem sequer
   beber •

que os teus criados cheguem • trazendo tudo •
que tragam todo tipo de cerveja • com pão pra todo gosto •
com plantas fartas de hoje e de ontem • frutos vários
   deliciosos •
venha passar um dia de prazer • e amanhã e amanhã três
   dias • à minha sombra •

à destra senta seu amigo • enquanto o embebeda •
atende o que ele pede •
a tenda da cerveja surta em bebedeiras • ela ficou com seu
irmão •

aqui debaixo os panos já se espalham • enquanto a irmã
passeia •
mas guardo na barriga seu segredo • não conto o que
estou vendo

Notas

O poema "O jardim" provém do Papiro de Turim 1966.

Partes do poema estão num manuscrito da Dinastia XX. Nas partes 1 e 2, as árvores são tratadas no masculino, por isso optei por "sicômoro" e "figueiro", que existem em português; na parte 3, a árvore é feminina, por isso cunhei o feminino "sicômora" para o conhecido "sicômoro". Cada árvore tem uma posição diversa sobre os amores secretos dos jovens (o sicômoro compete com a irmã, o figueiro reclama de descuidos, a sicômora oferta sua sombra), e nessa fala cada uma vai revelando esporadicamente a(s) narrativa(s) amorosa(s).

1.

Os editores tendem a completar a lacuna sugerindo que seja um romãzeiro, por sua associação erótica, sobretudo dos frutos com o seio; no entanto sigo a argumentação de Cynthia May Sheikholeslami (2015) de que as três árvores estão associadas à figueira, por isso fiquei com "sicômoro".

ébrios à minha sombra. Aqui há uma lacuna; sigo uma conjectura de Michael Fox.

2.

Sheikholeslami (2015) argumenta que tudo indica, neste poema, estarmos diante da figueira mais comum (*Ficus carica*), e não do sicômoro (*Ficus sycomorus*), como nos poemas 1 e 3.

ka designa o duplo, uma força vital para os egípcios, associada à *anima* latina.

3.

O sicômoro é a árvore favorita dos egípcios e representava a deusa Hathor em seu papel de embriaguez e erotismo.

o orvalho de seus lábios/ é mel de abelha. O sicômoro produz muita seiva, que poderia ser confundida com mel.

três dias. As traduções variam, alguns computam dois dias, outros três; sigo Vernus e Araújo.

Contra a corrente

1.

em teu amor habito • por dias noites •
desperto ali deitado • até a aurora •

teu corpo alenta o coração • pelo desejo em tua voz •
   meu corpo reacende •
de seu cansaço • que eu possa então dizer •

não tem ninguém • naquele coração • além de mim ↵

2.

o teu amor é desejado •

que nem gordura e mel • que nem linho dos nobres •
que nem traje dos deuses • incenso no nariz do rei •
quando penetra • que nem anel no dedo •
que nem mandrágora • na mão de um homem •
que nem a tâmara • misturada à cerveja •
e que nem sal • que vai no pão •

nós estaremos juntos • até chegar o dia • tranquilo da
   velhice •
estarei com você a cada dia • servindo a tua mesa • que
   nem a serva ao mestre

3.

meu deus meu lótus • o vento norte sopra •
doce é chegar ao rio • buscar alento • em flor de lótus •

o coração deseja entrar • banhar-me pra você •
mostrar minha beleza • em túnica de linho régio •
encharcada de bálsamo *tishepes* • tranças de junco nos
   cabelos •

eu quero entrar nas águas com você • tirar tilápia rubra •
   perfeita entre meus dedos •
quero ofertá-la • ao ver tua beleza •

meu herói meu irmão • olhe pra mim ⊃

4.

o amor da minha irmã • está na ribeira de lá •
o rio me atravessa os membros • o Nun é forte em suas
cheias • um crocodilo espreita nos baixios •

porém entrei nas águas • enfrento a correnteza • com
grande coração contra a corrente •

no crocodilo vejo um camundongo • o rés da água é só
areia aos pés •
o amor por ela me dá força • feito feitiço aquático •

vejo meu bem • pregada ali na frente ⌐

5.

a irmã chegou • sorri meu coração • os braços se abrem
  num abraço •
o coração se alegra em seu lugar • que nem tilápia na
  lagoa •

ah noite seja minha para sempre • agora que chegou
  minha senhora ༄

6.

se eu abraço seus braços • em asas para mim • pareço
    estar em Punt •
parece *mísy* • numa mistura • o seu perfume é bálsamo
    de *iber* ↰

7.

quando eu a beijo • abrem-se os lábios • me excito sem
    cerveja •

o vazio se encheu • Menqet se adorna •
enquanto me conduz • até seu quarto •

venha • vou falar com você •
em linho enrole os membros dela • por ela estenda régio
    linho •
atente ao linho branco nos enfeites • em cada membro dela •
o cheiro desses membros é • bálsamo de *tishepes* ⤳

Notas

Os poemas da série "Contra a corrente" provêm do Poema 1 do Óstraco do Cairo 25218, da Dinastia XIX ou XX; devido ao seu mau estado, há muitas lacunas.

1.

pelo desejo em tua voz. O trecho está praticamente ininteligível, mas a partir das sugestões de Vernus e Fox criei este verso. Fowler o cria lindamente em inglês como *your voice creates desire.*

2.

gordura e mel eram usados no Antigo Egito para a preparação de emplastros medicinais.

mandrágora tem forma de seio, daí a sugestão erótica; era reconhecida também como afrodisíaco.

o dia/ tranquilo da velhice, segundo Michael Fox, é a morte, uma vez que a velhice nunca é vista pelos egípcios como uma vida de paz. Na cosmologia egípcia, seria possível um casal permanecer junto após a morte.

3.

deus. Este é o único exemplo conhecido de tratamento divinizante entre amantes na poesia egípcia.

lótus é associado ao renascimento; a imagem poderia evocar o surgimento do deus Re do oceano primordial Nun (ver abaixo).

tishepes é um óleo não identificado, que reaparece na parte 7.

tilápia rubra. Trata-se da tilápia nilótica (*Oreochromis niloticus*), também chamada tilápia-do-Nilo, em sua versão vermelha, que podia ser usada como amuleto de cunho sexual. Além disso, como atenta Meskell, sabemos que esse peixe engolia seus filhotes em caso de perigo e depois os regurgitava, numa cena que poderia lembrar a ejaculação.

4.

Nun é a água primordial, uma espécie de oceano arcaico, do qual o Nilo e suas cheias férteis (também chamadas Nun) seriam apenas um anúncio.

crocodilo era um risco real no Antigo Egito; até a filha do faraó Psamético foi vítima de um ataque desses.

5.

O coração está no seu lugar alegremente, representando harmonia do corpo e dos afetos.

6.

Punt é uma região da África Oriental, porém ainda não determinada pelos filólogos, embora provavelmente fizesse parte do atual Sudão. Mais importante para o contexto do poema é que era representada como uma espécie de paraíso terrestre.

mísy é uma planta não identificada, aparentemente usada como remédio.

iber, provavelmente o nome de uma planta, é um óleo não identificado.

7.

Menqet é a deusa da cerveja, também mencionada no *Livro dos mortos*, feitiço 101.

venha/ vou falar com você. O jovem parece se dirigir a um escravo, para que prepare o ambiente para a noite de amor.

tishepes é um óleo não identificado, que também aparece na parte 3.

Sete desejos

1.

quem dera ser a serva núbia • a sua acompanhante •

levar bacias de mandrágoras • que ela pega na mão • pra
dar prazer •

quero dizer • ela daria • o cerne de seu corpo ↵

2.

quem dera ser o lavadeiro • do linho para a irmã • um
   mero mês •
e ganhar força • só de tocar as roupas • que roçam no
   seu corpo •

eu lavaria os óleos de moringa • nos lenços dela •
me esfregaria o corpo • com cada veste • e ela •

mas que dom de alegrias eu teria • que força no meu
   corpo ↵

3.

quem dera ser o seu anel • guardião do dedo •
e ver o seu amor • a cada dia •
tomando posse desse coração ﻤ

4.

quem dera ser uma manhã • pra ver como ela passa o
    tempo •

grandes terras de Isi • fortes por seus produtos •
feliz o espelho dela • a cada olhar ⌐┘

5.

quem dera tê-la todo dia • que nem o verde da guirlanda •

o junco seca • aflora o açafrão • se adensam flores de
   merébeb •
rebentam brotos de mandrágora • botões de Hati
   maduram •
a noz-moscada está em flor • e verdeja o salgueiro •

ela estaria aqui a cada dia • que nem o verde da guirlanda •
todas as flores vicejam no prado • por tudo ᴈ⅃

6.

quem dera ela viesse • só pra vê-la •

eu faria festas ao deus • que não a deixa se afastar •

que ele me dê minha senhora a cada dia • que ela não diste
    mais de mim •
se passo um segundinho sem a ver • revira-me o estômago •
me apresso em responder ↘

7.

quem dera ter a minha irmã ● e então louvar seu *ka* ●

eu prestaria as honras ● com toda a beleza da noite ●
faria seu festim ●

quiete meu coração em seu lugar ● para afastar ● o mal
do corpo ●
que busca a irmã ● sem alcançar seu corpo ●
só ela expulsa esta doença ↰

Notas

Os poemas da seção "Sete desejos" provêm do Poema 2 do Óstraco do Cairo.

4.

Isi é, talvez, a ilha de Chipre, famosa produtora de cobre usado para fazer espelhos. Mas também é possível que se trate de uma outra cidade na Ásia.

5.

merébeb é flor não identificada.

Hati era a terra dos hatitas, que mais tarde viria a ser ocupada pelos hititas.

noz-moscada aqui traduz *besbes*, uma planta não identificada, a partir de proposta de Michael Fox originalmente sugerida por Ludwig Keimer em 1924.

7.

ka é o duplo, uma força vital para os egípcios, associada à *anima* latina; aqui ele é representado com o determinativo divino e é tratado como um gênio à parte, vinculado à alma. As duas primeiras linhas estão muito corrompidas, sigo uma sugestão de Michael Fox.

Entre pântano e rio

1.

se não estou •
onde você assenta o coração • não deve acaso me abraçar •
antes do tempo não se toca • o templo do prazer •
se quer me acarinhar as coxas • talvez encontre tudo •

já vai pensando apenas em comida • escravo da barriga •
já vai pensando apenas em tecidos • lençóis eu tenho •
já vai pensando apenas em cerveja • aceite o seio • oferto
    em profusão •

antes um dia nesse enlace • que mil miríades de alqueires ∿

2.

o teu amor se funde no meu corpo • que nem o sal na
   água •
que nem mandrágora num bálsamo • que nem a massa
   num emplastro •

corra pra ver a tua irmã • que nem corcel no campo de
   batalha •
que nem falcão que avança • em moitas de papiro •

o céu dá seu amor • que nem o voo de uma flecha •
que nem as chamas correm • sobre leito de palha ے

3.

as plantas deste pântano alucinam •
a irmã tem boca de botão de lótus • seus seios são
    mandrágoras •
seus braços são gravetos • seus olhos duas frutas •
o rosto é cedro em arapuca • eu sou o pato a presa •
prendi a perna • o seu cabelo é isca • armada em
    arapuca ⌐

4.

o coração quer mais do teu amor • meu chacalzinho •
  tua cerveja é sexo •

não deixo essa cerveja • até perder-me na loucura •
por entre pântanos • até o exílio em terra síria •
a bordoadas e pauladas • à terra núbia a chicotadas •
à terra alta a chibatadas • à beira-mar a vergastadas •

não dou ouvido aos seus avisos • de abandonar o meu
  desejo ﬞ

5.

navego ao norte rio abaixo • levado pelos remos •
trago um feixe de juncos sobre os ombros • rumo de Mênfis •
direi a Ptah o Mestre da Verdade: • me dê a irmã por esta
    noite •

o rio agora é vinho • Ptah os seus juncos •
as folhas Sekhemet • Iadet os seus botões •
a flor de lótus Nefertum • a Dourada se alegra • a terra
    brilha na beleza dela.

Mênfis é taça de mandrágora • oferta ao Belorrosto ⌐

6.

vou me prostrar em casa • só pra posar doença •
então a vizinhança vai chegar • então a irmã virá me ver •
e provocar vergonha em médicos • só ela sabe o mal que
    sinto ﻝ

7.

o casarão da minha irmã •
a entrada está no meio • os dois batentes bem abertos •
o seu ferrolho levantado • a irmã está em fúria •

quem dera ser ao menos seu porteiro • sentir a sua ira •
eu ouviria a voz em fúria • como um menino
      amedrontado ⌁

8.

navego ao norte • pelo Canal do Soberano • adentro no
de Pré •
o coração avança • por preparar as tendas • na boca do
canal de Iti •

assim me apresso • não faço pausa • o coração só pensa
em Pré •
então verei entrar o irmão • seguindo ao santuário •

estarei com você • na boca do canal de Iti •
para você levar meu coração • a Heliópolis •

com você sob as árvores • do santuário •
colhendo os ramos • do santuário • para moldar meu
leque •

verei o que ele faz • olhando pro jardim •
meu peito cheio de romãs • meu cabelo de puro bálsamo •
serei senhora das Duas Terras • serei ↲

Notas

Os poemas da seção "Entre pântano e rio" provêm do Papiro Harris 500, primeira série.

O Papiro Harris 500 é datado da Dinastia XIX e contém uma espécie de antologia literária em que aparecem três séries de poesia amorosa. Os poemas desta primeira série apresentam alguns problemas de leitura e muitas divergências entre os tradutores porque a primeira página está rasgada. Segui livremente as escolhas e conjecturas que me pareciam mais interessantes a cada passo.

1.

O início do poema é o mais avariado, por isso fui mais livre nas soluções.

2.

O mesmo vale para os últimos dois versos, que até não aparecem em alguns tradutores. A série de comparações com misturas varia absurdamente conforme o tradutor, passando por "mel", "sal", "vinho", "mucilagem" etc.; no trecho do falcão em diante, temos também outros problemas severos de interpretação. Optei por reunir as variantes num só corpo.

3.

Aqui temos uma metáfora inesperada: a irmã é um pântano acolhedor, com uma arapuca corporal que prende o irmão.

arapuca é uma metáfora recorrente para a sedução feminina, que aparece também nas artes plásticas egípcias.

pato. Na verdade, o pássaro não é bem definido pelos estudiosos, mas parece se tratar de alguma variedade de pato ou ganso selvagem.

4.

chacalzinho, na cultura egípcia, assim como o lobo, assume conotações eróticas.

terra síria, mais precisamente Khor, a terra dos hurritas a nordeste do Egito; uma terra que exercia atração pelo seus bens naturais e medo pela hostilidade dos hurritas. Como nota Vernus, aqui é a segunda acepção que predomina.

terra núbia, mais precisamente Kush, ficava ao sul do Egito e era muitas vezes local de exílio efetivo. Em junção com Khor, Kush representa os limites do Egito.

5.

Mênfis, centro religioso e político; no original aparece o nome Anhk-tauy, que indica mais precisamente a Necrópole de Mênfis, o maior centro de ritos votados à divindade Ptah. Na próxima menção à cidade, ela aparece como Menefer, seu nome etimológico.

Ptah é o deus demiurgo de Mênfis, patrono dos artesãos; seu epíteto de Mestre da Verdade é usado em sua função de juiz dos mortos.

Sekhemet, "a poderosa", é a esposa de Ptah e deusa leoa da vingança, da guerra e da medicina.

Iadet é uma deusa não identificada, talvez a personificação do orvalho, segundo Fox e Vernus.

Nefertum, ou Nefertem, é o deus filho de Ptah e Sekhemet, deus do sol e dos perfumes, que tinha por símbolo a flor de lótus.

Dourada, como já vimos, designa Hathor, deusa do amor, que também recebia culto em Mênfis.

o *Belorrosto* é um epíteto de Ptah.

7.

casarão sugere que a jovem pertença à nobreza, ao mesmo tempo que seu corpo se desdobra no próprio lar. Certamente há uma concentração genital nos interesses do irmão que a descreve. Steve Vinson (2015) faz um belo ensaio sobre os usos figurativos e simbólicos das imagens arquitetônicas nos poemas egípcios.

8.

Canal do Soberano era um dos braços do Nilo no Baixo Egito.

o *Pré* designa um braço oriental do Nilo no delta, depois de Heliópolis. Pré também é um nome neoegípcio para Ré, deus-sol.

o *canal de Iti* saía do Nilo e contornava Heliópolis; no período de inundação anual, seu dique se abria, o que dava origem a uma série de cerimônias.

jardim, segundo Fox, é grafado como *dd* em egípcio, criando um trocadilho com o homógrafo *dd*, "fazer sexo", embora os termos não tenham a mesma origem etimológica.

senhora das Duas Terras talvez seja referência à rainha do Egito, o qual é descrito muitas vezes como as Duas Terras. O poema parece estar inacabado e os tradutores divergem sobre o que aparece no final.

Passarinheira

Aqui começa um canto de alegrar o coração

1.

a beleza da tua irmã • a amada do teu coração • quando
    volta do campo •

meu irmão meu amado • o coração anseia teu amor •
    com tudo que você gerou •
e pra você eu conto • repare no que aconteceu •
eu acabei de armar uma arapuca • o laço numa mão •
noutra a gaiola • junto ao bastão •

todos os pássaros de Punt • pousam em Kemet •
    perfumados de mirra •
vem o primeiro • e pega isca •
o seu olor chegou de Punt • a garra ungiu de bálsamo •
meu coração te busca • vamos soltá-lo juntos •

se com você estou a sós • escute a voz do seu chamado •
    do meu querido ungido em bálsamo •
você aqui comigo • enquanto tramo esta arapuca •

sair ao campo é alegria • pra quem o ama �

2.

a voz do ganso guincha • se é preso pela isca •
o teu amor me agarra • não sei mais me soltar •

carrego minhas redes • mas que direi à mãe •
que vejo a cada dia • carregada de pássaros •

hoje não armei a arapuca • o teu amor me capturou

3.

o ganso voa e arremete • agora cai na rede •
enquanto os pássaros circundam • perturbou o jardim •

mas tenho trabalhado a sós • tomada pelo teu amor •
meu coração entoa com teu coração • já não sei me
　　afastar de tal beleza ᴣ

4.

se devo me afastar do teu amor • o coração em mim estanca •
se vejo bolos doces • pra mim parecem sal •
o vinho de romã suave à boca • parece fel de pássaro •
somente o olor do teu nariz • me ressuscita o coração •

eu consegui pra todo o sempre • o dom que Amon me deu ~

5.

belo belo meu coração deseja • tua beleza sob o pergolado •
enquanto o braço teu no meu repousa • pois meu amor te
    circundou •

eu digo numa prece ao coração • conceda-me esta noite o
    meu senhor •

agora estou na tumba • não seria você saúde e vida em si •
se chego à tua face já sorrio • meu coração te busca por
    saúde ‿

6.

clama a voz da andorinha • amanheceu • você não vai
    pra casa? •

pare seu passarinho • pare de censurar •
na cama achei o meu irmão • o coração transborda de
    alegria •

dizemos um ao outro • jamais vou me afastar •
a minha mão na tua mão • passeia leve •
vou com você • ver a beleza deste mundo •

sou pra ele a primeira das mulheres • nunca me fere o
    coração ܘܠ

7.

encaro a porta à vista do jardim • lá vem o meu irmão •
olho na estrada e ouvido atento • espero quem despreza •

eu fiz do amor do irmão • meu único propósito •
por causa dele • o coração não cala •

mandou um mensageiro • de pé ligeiro nas paragens •
contar que me enganou •
ou seja • achou alguém • que fascinou seus olhos •

mas como pode • que o coração da outra • estranha-me
de mim ﻜ

8.

o coração pensou em teu amor • metade do cabelo sem as
tranças •

te procurei na pressa • assim despenteada •

estas roupas e tranças • antes estavam prontas ـــ

Notas

Os poemas da seção "Passarinheira" provêm do Papiro Harris 500, segunda série.

1.

Os primeiros três versos costumam ser traduzidos pela maioria dos tradutores como título da série; porém, como nota Fox, não estão escritos em vermelho, como é a praxe dos títulos.

Punt, ver nota a "Contra a corrente" 6.

Kemet, um dos nomes do Egito na língua egípcia, significa algo como "terra negra" ou "terra dos negros". A raiz *km*, geralmente usada para designar "negro" ou "escuro", também indica "benefício" e pode mesmo indicar o sentido de "estar completo", segundo o dicionário de Secco. Os egípcios tinham cerca de trinta modos de se referir à própria terra; e o termo "Egito" é derivado do grego *Aegyptos*, muito provavelmente provindo do egípcio *hw-ka-ptah*, que poderíamos traduzir como "templo do *ka* de Ptah".

a garra ungiu de bálsamo. Fox argumenta que um tipo de resina era usada em arapucas de pássaros, que então grudavam no unguento e tinham dificuldade de escapar. Assim, o pássaro ao mesmo tempo traz o bálsamo nas garras e é preso pelo bálsamo, que pode ser o perfume da irmã.

2.

ganso, ou mais precisamente uma cerceta (*Anas crecca*), também conhecida como marrequinha-comum, a julgar pela tradução de Vernus.

4.

o olor do teu nariz alude à prática afetiva egípcia do "beijo de nariz", nosso "beijo de esquimó".

Amon, ver nota à "Canção de Nakht-Sobek" 4.

5.

Este é um dos poucos poemas de amor egípcios que anunciam um desejo de vida a dois em casamento para além do desejo erótico.

7.

Os primeiros e os últimos versos deste poema geram muita divergência interpretativa, com resultados bastante diversos entre os tradutores. Como em tantos outros casos, sobretudo no fim deste poema, radicalizei uma possibilidade a partir dos comentários de Fox.

quem despreza pode ser lido como um nome pessoal, Pamehi, que ecoa o nome de Méhy (ver nota a "O passeio" 3); porém a imensa maioria dos tradutores prefere ler o sentido do termo, alegando que, para além de Méhy, não há nomes pessoais na poesia amorosa egípcia, razão pela qual segui a maioria.

8.

Todos os comentadores parecem achar que a jovem está com vergonha do cabelo desarrumado e traduzem algo como "se você me der um momento, as roupas e tranças logo estarão prontas"; mas do jeito que mantenho, próximo à tradução de Michael Fox, em sua ambiguidade a jovem mais alega que uma hora esteve arrumada, usando talvez as perucas próprias para o sexo, pois as roupas e tranças estavam antes prontas — e eu (super)interpreto, prontas já em seu despenteio, no anseio pela chegada do amado. José Miguel Parra Ortiz (2010) comenta como as perucas eram parte central da arte da sedução egípcia.

Na sequência deste poema, o papiro apresenta a "Canção de Antef", que é funerária, por isso optei por não traduzi-la.

Canção das flores

Aqui começa um canto de alegrar o coração

1.

portulacas em flor • meu coração no teu aporta •
por você eu farei o que ele quer • quando estou nos teus braços •

minha prece é pintar os olhos • te ver me alumbra os olhos •
me aperto só pra ver o teu amor • senhor do coração •

o amor das horas ao teu lado • quem dera elas corressem para o eterno • dês que deitei contigo •
seja em tristeza ou alegria • não se deporte

2.

campânulas conclamam • e logo alguma campa •
sou tua grande irmã • sou tua como o prado •
cultivado de flores • com tantas plantas perfumadas •

como é linda a ribeira • que a tua mão cavou • pra
refrescar do vento norte •
ponto suave do passeio • com tua mão na minha •
o corpo aflora • sorri meu coração • enquanto andamos
juntos •

ouvir a tua voz é vinho de romã • eu vivo por ouvi-la •
se num olhar qualquer te vejo • será maior sustento •
que toda comida do campo ܝ

3.

oréganos conclamam • tuas guirlandas vou regando •
se bêbado retorna • ou dorme no teu quarto •
faço massagens nos teus pés • quando as crianças sonham •
pela manhã eu gozo • saúde e vida dentro dos teus órgãos ⌐

Notas

Os poemas da seção "Canção das flores" provêm do Papiro Harris 500, terceira série.

Os três momentos deste poema se organizam em torno de jogo de homofonia entre o nome das plantas, o primeiro verbo a aparecer na sequência e o último verso da última estrofe, que busquei recriar nessa transmutação entre espaço natural e ação humana: "portulacas/aporta/deporte", "campânulas/campa/campo" (com o verbo "campar" no sentido de "brilhar", "destacar-se") e "oréganos/vou regando/órgãos" (apesar de o último poema estar incompleto e não apresentar o jogo no original, optei por recriá-lo mesmo assim). Na verdade, nenhuma das três plantas está identificada com consenso pelos estudiosos, por isso segui algumas das soluções propostas por outros tradutores.

3.

guirlandas feitas com flores, e mesmo com flores de lótus, eram oferendas típicas a Hathor e tinham, portanto, associações eróticas; no contexto dos poema elas parecem ser utilizadas como adornos num banquete.

O fim do poema está bastante estragado, optei por reconstruir um pouco a partir de conjecturas (sobretudo de Fox).

Dois fragmentos

Aqui começa um canto de alegrar o coração

1.

que venha o que se fez • do amor •
juntos no prado • eu estou na tua beleza •
venha pra mim • pelo meu coração • e meu cansaço ↵

2.

dois frangos-d'água • e neste dia ele me abraça

Notas

Os poemas da seção "Dois fragmentos" provêm do Papiro Harris 500, quarta série.

Os dois fragmentos estão bastante mutilados e a maioria dos tradutores nem sequer os traduz. Segui, portanto, Fox e seus poucos comentários, criando um poema a partir dos estilhaços.

Fragmentos diversos

1.

se o vento vem aponta pro sicômoro • se você vem aponta
para mim ↵

2.

atrás de mim • meu lobinho amoroso •
comendo na caverna • que agora adentra •

há pedrinhas debaixo da moringa • come seu pão •
oferto aos deuses

3.

vire-me por inteiro • cuide do corpo •
aponte o rosto para dentro • despoje o coração •
daquele deleite do corpo ⤶

4.

eu passo o dia inteiro • rogando à minha dona •
não faça assim comigo • senhora não • não me deixe na
espera •

eu monto no alazão • antes do vento •
em seu amor • eu perco a rédea •
eu tombo • escorro que nem água • espero uma
mensagem

5.

a dama ruma ao norte e sorve da cerveja • uma ilha à
    frente •
parece de ouro puro • lançaremos a vela •

cederemos presentes sim • perante Méhy o Rei •
dizendo amores • passando o dia ⌐⌐

6.

cerveja é doce • se estou ao lado dele •
não ficam longe minhas mãos •

o vento sopra • quando no coração eu digo •
com vinho doce • estou sobre o teu *ka* • pelo poder do
 amor •

a voz vai rouca de tanto dizer •
mais vida fortuna e saúde a Méhy • ele está no seu forte ﻝ

7.

o amor de minha irmã • está no corpo •
o seu colar é só de flores • seus ossos são caniços •
o selo desse anel está no dedo • o lótus nessa mão •
eu dou-lhe um beijo na frente de todos • pra verem meu
    amor •
só ela sim me rege o coração • com seu olhar • eu me
    refresco ᴖ

8.

eu encontrei a irmã brincando • com peixes gordos •
sentada bem na entrada do terraço ⤶

9.

sem dúvida meu coração • só nela ganha paz ﮩ

10.

noite será estamos a caminho • quero ficar num canto junto dela •
você acaso é puro sacerdote • é servidor de um deus • e traz o leite •
eu quero atravessar os montes • cruzar o Grande Verde •
com essa passarinha • que rasga o céu a cada dia •
eu preciso encontrar o amor da irmã • é a minha doença

Notas

Estes "Fragmentos diversos" provêm de óstracos das Dinastias XIX e XX e têm sua leitura bastante comprometida. Recrio muito livremente (completando lacunas, promovendo encontros bruscos etc.) os poemas 1 a 6 a partir da tradução inglesa de Fox, e os poemas 8 a 10 a partir da tradução francesa de Vernus. O poema 7 aparece nos dois tradutores, e alguns aparecem também em Bresciani. A cada um dou aqui a referência de origem:

1.

Fragmento escrito no verso do Papiro Anastasi II (LEM 19).

2.

Deir el-Medina (DM) 1038.

debaixo da moringa pode ser um epíteto divino.

3.

DM 1040. O próprio Fox assume que, apesar de o poema chegar com quatro linhas inteiras, o sentido permanece quase completamente obscuro (poderia até não ser um poema amoroso).

4.

DM 1078, frente.

5.

DM 1078, verso.

Méhy, ver nota a "O passeio" 3.

6.

DM 1079.

ka, ver nota a "O jardim" 2.

Méhy, ver nota a "O passeio" 3.

7.

Óstraco Gardiner 304.

8.

Óstraco Leipzig 8.

9.

Óstraco CGC 25761.

10.

Óstraco Nash 12.

puro sacerdote, segundo Vernus, é o cargo mais baixo na hierarquia do sacerdócio egípcio, encarregado apenas de ritos de purificação.

servidor de um deus seria o mais alto cargo sacerdotal, quando o humano poderia falar por um deus; esse cargo foi traduzido pelos gregos com o termo *prophétes*, "profeta", embora não envolvesse nenhum tipo de vaticínio.

traz o leite indica que o interlocutor também poderia ser um criado dos templos, encarregado de levar as oferendas, como o leite.

Grande Verde é uma expressão egípcia para designar lagos amplos ou mesmo mares, como o próprio Mediterrâneo.

Antes do original:
a poesia amorosa do Antigo Egito

Guilherme Gontijo Flores

1.

Em 2004, quando eu ainda era estudante de Letras na UFES, a Universidade Federal do Espírito Santo, numa das minhas passagens regulares pela livraria universitária topei com o volume *Escrito para a eternidade: a literatura do Egito faraônico*, a maior coletânea de literatura egípcia até hoje publicada no Brasil, de autoria de Emanuel Araújo.[1] Na época, eu vinha tentando fazer um percurso de leitura dos fundamentos da literatura ocidental; passava por Homero, Hesíodo, os tragediógrafos gregos, Virgílio, Catulo, a Bíblia, revirava alguns manuais de mitologia greco-romana e do Oriente Próximo, tais como os dois volumes de *Símbolos e mitos do Antigo Egito*, de T. Rundle Clark (s/d), e *O livro egípcio dos mortos*, editado por E. A. Wallis Budge (1960 [1895]), entre outros. A antologia de Araújo surgiu como uma pérola inesperada: quase quinhentas páginas, abrangendo muitos séculos e gêneros diversos da escrita egípcia; obra que fui lendo aos poucos, entendendo pouco ou quase nada do que estava em jogo a cada texto, apesar das notas e comentários. Foi um encontro com desafios, em termos antro-

---

[1] Emanuel Araújo, *Escrito para a eternidade: a literatura do Egito faraônico*, Brasília/São Paulo, Editora UnB/Imprensa Oficial do Estado, 2000.

pológicos, mais radicais do que jamais tivera, pelas diferenças quanto a poética, religião, cultura. Ali pude ter, em abismo, a primeira vertigem do que seria uma aventura histórica do sujeito em confronto com a experiência da tradução, porque o contato tradutório mostrava-se de fato como o lugar mais radical da experiência da alteridade. De tudo que li na época, lembro-me muito bem do impacto causado pela seção de "Literatura lírica", daquelas imagens que dialogavam estreitamente com o mais conhecido *Cântico dos cânticos*, da presença natural que invadia o corpo do amado e da amada em múltiplos devires, animais, vegetais e minerais. Nessa poesia, tudo virava gosto, cheiro, cor, sem aparentar nenhuma preocupação com o "bom gosto" ocidental; era como se o próprio amor se despedaçasse no excesso de comparações e metáforas, sem estancar o sentido — uma poética da multiplicação indefinida.[2] Um dos poemas que me fascinaram à época, talvez por ser muito breve e enigmático, foi este:

> Quando a abraço
> e seus braços me enlaçam
> é como estar na terra de Punt
> é como a planta *mísy* quando cura,
> sua fragrância é como o bálsamo *iber*.

> (2000)[3]

Ele formava a sexta parte de um ciclo maior e, ao mesmo tempo, funcionava como texto individual. Talvez o ponto mais importante nessa leitura tenha sido uma impressão que perdurou ao longo dos anos: como um mote ao movi-

---

[2] É o que Michael V. Fox estuda sob o título "Love as vision", em *The song of songs and the ancient Egyptian love songs*, Madison, University of Wisconsin Press, 1985, pp. 326-31.

[3] Emanuel Araújo, *Escrito para a eternidade*, op. cit., p. 326.

mento subsequente, o poema não parou de performar, fazendo com que eu mesmo fizesse algo a partir dele. E não é essa a precisão da *poiesis*, uma feitura que, por sua vez, faz?

Lendo a tradução de Araújo, de pronto *quis traduzir* poesia egípcia. Hoje me pergunto em que consistia especificamente esse querer. A cena, mesmo que banal, guarda um problema de linguagem que vai além de sua especificidade: o que acontece com o leitor quando, ao deparar com uma tradução cujo original lhe é de todo estranho, sente ele próprio desejo de traduzir? Talvez seja essa a maior marca da tradução poética em comparação com a ideia de um original; porque diante de um original, é possível abraçá-lo, recusá-lo, permanecer sem reação clara, é possível querer traduzi-lo; no entanto raro se imagina que haja o desejo de reescrever um original que não se conhece para que seja a nova obra também um original. Se há esse desejo — consciente ou inconsciente (penso nas teorias de influência de Harold Bloom, 1991 e 1995) —, ele é o desejo de desdobrar um original em outros originais, que abrem caminhos inesperados e desdobram as influências num processo tensionado de reprodução e desleitura criativa. Uma tradução não, pois, ao se apresentar *como tradução*, ela anuncia consigo um outro rasurado (esteja ele presente ao lado, no formato bilíngue, ou não); a tradução se dá como essa relação com o que se rasura e, paradoxalmente, ela pode ser a lente crítica daquilo que se escreve e reescreve. Nessa relação, toda tradução pode provocar o desejo de uma nova tradução.

É a partir desse ângulo que eu gostaria de refletir sobre o que pode, no limite, acontecer com um original. Há aqui um afã teórico, mas que se desdobrará de modo mais singelo, serpenteando num relato de caso, numa trajetória pessoal que hoje vai ganhando alguma clareza na experiência de traduzir poemas.

2.

Numa longa entrevista concedida a Derek Attridge, em 1989, Jacques Derrida explica parte do movimento pendular de seu pensamento entre filosofia e literatura, ainda em sua juventude, como algo que se prolongaria até o presente:

Decerto, eu hesitava entre filosofia e literatura, sem renunciar a nenhuma das duas, buscando talvez, obscuramente, um lugar a partir do qual a história dessa fronteira pudesse ser repensada ou até mesmo deslocada: na própria escritura e não somente na reflexão histórica ou teórica. E como o que me interessa ainda hoje não se chama estritamente literatura nem filosofia, diverte-me pensar que meu desejo, digamos, de adolescente pudesse ter me direcionado para algo da escritura que não era nem uma coisa nem outra. O que era então?

"Autobiografia" talvez seja o nome menos inadequado, pois permanece, a meu ver, como o mais enigmático, o mais aberto, ainda hoje. Neste momento, aqui mesmo, por meio de um gesto que comumente seria chamado de "autobiográfico", estou tentando lembrar o que aconteceu quando me veio o desejo de escrever, de forma tão obscura quanto compulsiva, a um só tempo impotente e autoritária. Bem, o que existia naquele momento era exatamente algo como um desejo autobiográfico. No momento "narcísico" de identificação "adolescente" (uma identificação difícil e frequentemente relacionada, em meus cadernos de juventude, ao tema gideano de Proteu), ocorria acima de tudo o desejo de inscrever apenas uma ou duas memórias. Digo "apenas", embora já o sentisse como tarefa impossível e infinita. No fundo, havia algo como um movimento lírico em direção às confidências ou confissões. Ainda hoje, permanece em mim um desejo obsessivo de salvar o que acontece — ou *deixa de acontecer* — na inscrição ininterrupta, sob a forma de memória. O que eu poderia ficar tentado a denunciar como um engodo — isto é, a totalização ou a acumulação [*rassemblement*] — não é o que me faz prosseguir?[4]

Pouco adiante, ele concluiria que, "sendo assim, teríamos dificuldade não em discernir, mas em separar a narrativa histórica, a ficção literária e a reflexão filosófica".[5] Se isso ocorre de fato, o empenho em narrar o próprio percurso pode resultar num ponto instável que transborda. Judith Butler dirá que "[o] sujeito sempre faz um relato de si mesmo para o outro, seja inventado, seja existente, e o outro estabelece a cena de interpelação como uma relação ética mais primária do que o esforço reflexivo que o sujeito faz para relatar a si mesmo".[6] Desse modo, toda tentativa autobiográfica seria, para além de um esforço reflexivo que borra gêneros discursivos, também uma relação ética. Essa figura de um sujeito que tenta pensar a partir do próprio relato — que deve necessariamente encarar como algo precário e inacabado — poderia ser traduzida como a aventura histórica do sujeito tantas vezes sublinhada na obra de Henri Meschonnic, uma aventura que se constitui pelo ritmo enquanto organizador do discurso e do sujeito. Dessa forma, no movimento complexo da tradução, caberia pensar que a possibilidade de autobiografia seria também uma cena de auto-historicização com laços éticos de um gesto, talvez a condição mesma desse gesto. Se faço aqui uma narrativa precária é porque, como

---

[4] Jacques Derrida, *Essa estranha instituição chamada literatura: uma entrevista com Jacques Derrida*, Belo Horizonte, UFMG, 2014, pp. 46-7 (itálicos do autor).

[5] *Idem*, p. 47.

[6] Judith Butler, *Relatar a si mesmo: crítica da violência ética*, tradução de Rogério Bettoni, Belo Horizonte, Autêntica, 2015.

relato de mim, ela encena, ou melhor dizendo, dá lugar à cena da reflexão. A exposição de seu inacabamento passa a ser uma demanda ética do que se poderia teorizar e um empenho de relação com o outro.

É por um caminho similar que o próprio Derrida seguiria poucos anos depois, em 1992, ao escrever *O monolinguismo do outro*, quando mescla sua narrativa pessoal sobre a condição de franco-magrebino (que ele recusa como pura identidade) com a discussão mais ampla sobre as condições de identidade, o que resulta na dupla postulação: "*1. Não se fala nunca senão uma língua — ou antes um único idioma. 2. Não se fala nunca uma única língua — ou antes não há idioma puro*".[7] Não há espaço para debater as implicações dessa dupla postulação, mas ela está no cerne de uma série de problemas que estão em jogo em qualquer operação de tradução.

De modo um pouco mais instável, Pascal Quignard vem construindo uma obra que transita sem parar entre a autobiografia, o ensaio, a narrativa histórica e a ficção literária num mesmo texto. Em um livro como *O nome na ponta da língua*, a experiência de lembrar a expressão de sua mãe procurando uma palavra que lhe escapa se expressa, até que retorne o termo, como um deslumbramento: "E seu rosto se abria. Ela a reencontrava: pronunciava-a como uma maravilha. Era uma maravilha. Toda palavra reencontrada é uma maravilha".[8] É essa imagem da memória que abre a discussão teórica sobre as condições da linguagem humana, sobre o ofício curioso daquele que escreve e, portanto, escolhe e fixa o que potencialmente escapa, que permite afirmar:

---

[7] Jacques Derrida, *O monolinguismo do outro ou a prótese de origem*, Belo Horizonte, Chão da Feira, 2016, p. 32 (itálicos do autor).

[8] Pascal Quignard, *O nome na ponta da língua*, Belo Horizonte, Chão da Feira, 2018, p. 54.

"que uma palavra possa ser perdida, isso quer dizer: a língua não coincide conosco".[9] Nesse movimento, Quignard ainda acrescenta narrativas históricas, uma fábula, comentários sobre mitologia grega etc. Mas tudo retorna ao relato de si mesmo, aos dois silêncios a que foi forçado, quando tinha 18 meses e 16 anos.[10] É esse corpo atravessado de linguagem e lembrança que, ao narrar a própria história, se desdobra no gesto teórico e no laço ético.

3.

Eu dizia que, diante das traduções de Araújo, fiquei ao mesmo tempo fascinado pela lírica egípcia e tomado pela ideia de eu mesmo vir a traduzir essa poesia no futuro. Tenho de assumir que essa ambiguidade afetiva era resultado de um curioso desapontamento com o texto final de Araújo: aqueles poemas me pareciam belíssimos, porém aquém de si mesmos, numa contradição que não se resolvia. Como eu podia pensar isso, sem nunca ter visto um poema egípcio na vida? Pior, como poderia justificar essa impressão, sem ter a menor ideia de como eram esses poemas no original? Na verdade, é a própria instabilidade tradutória que provoca essa espécie de sismo estético: sem o texto egípcio, a tradução de Araújo era todo o meu "original" (talvez ainda perdure assim — ela o "original" da poesia egípcia na minha trajetória); ao mesmo tempo, pela postulação do original rasurado e traduzido (e talvez naquela época ainda seguindo o temperamento melancólico que eu viria a combater a partir dos anos de mestrado), a tradução sempre estaria aquém do que se imagina ser o original. Em outras palavras, a tradução, por ser assu-

---

[9] *Idem*, p. 55.

[10] *Idem*, pp. 59-60.

midamente uma relação com outro texto que se aponta como original, guarda em si um furo do real, uma falta que não se esgota e que, por improvável que pareça, dispensa o original para se mostrar portadora dessa falta, porque é justo nessa falta que ela se estabelece com sua precariedade, como um furo no real. Assim, é a relação que se estabelece com a tradução *como tradução* que revela essa mesma falta constitutiva de outro texto qualquer. Quero dizer que, na experiência do texto traduzido, temos uma vivência mais clara daquilo que constitui toda escrita: um sismo do sentido, uma cisma constitutiva. A tradução só existe como abismo, e em sua vertigem vemos outro abismo, que é o conceito de "original".

4.

Apesar do desejo de aprender egípcio, continuei me concentrando no mundo clássico ocidental, entre as obras gregas e latinas que vieram a traçar para mim um percurso e uma vida profissional. Só quando já estava quase terminando o mestrado em Estudos Literários na Universidade Federal de Minas Gerais, com a tradução das *Elegias de Sexto Propércio*, encontrei à venda a versão encadernada de uma fotocópia do *Compendio de gramática jeroglífica* de Eduardo Alfonso, de 1973, numa banca de livros usados na universidade. Acaso feito, não hesitei em comprar. Pouco tempo depois, em outra banca com livros portugueses novos, tomei conhecimento dos *Estudos sobre erotismo no antigo Egipto*, de Luís Manuel de Araújo (2000), que, além de debater uma série de questões envolvendo a vida amorosa no Egito, também continha a tradução de quase todo o *corpus* de sua lírica amorosa. Nele pude ler anos depois (quase) o mesmo poema, que então eu já sabia ser parte do Óstraco do Cairo 25218 + Óstraco Deir el-Medina 1266:

Quando a tomo nos meus braços
e os seus braços me enlaçam,
é como estar na terra de Punt,
é como ter o corpo impregnado
de óleo perfumado.[11]

Apesar de semelhanças imediatas, havia diferenças gritantes: as especificidades históricas do *mísy* (planta desconhecida, de provável efeito medicinal) e do *iber* (outra planta que serviria como bálsamo, talvez láudano) foram aplainadas, regularizadas, para uma formulação mais genérica, criando "corpo impregnado" e "óleo perfumado". Mas a mudança da planta *mísy* para "corpo impregnado", ou *iber* para "óleo perfumado", já me parecia na época ser mais do que soluções variantes para diferentes poéticas tradutórias. Mais do que divergir entre como traduzir *iber* e *mísy*, as duas traduções davam a entender que havia concepções de mundo egípcio diversas, de texto específico diverso, de materialidades diversas. Sem nenhum sinal do texto egípcio, agora eu tinha em mãos um "original duplo" e, por que não?, metamórfico. Como estudioso de poesia antiga e, particularmente, como um tradutor de Sexto Propércio,[12] eu sabia que as variantes textuais de uma tradição podem ser grandes e que um tradutor pode não apenas variar as soluções, mas a própria materia-

---

[11] Luís Manuel de Araújo, *Estudos sobre erotismo no antigo Egipto*, Lisboa, Colibri, 2000, p. 290.

[12] Para a minha dissertação de mestrado, escrevi um breve estudo, depois revisto, acerca da edição textual das *Elegias* propercianas, que acabou sendo publicado em livro. Nele discutia como a materialidade do texto variava drasticamente conforme a visão que cada editor tinha da obra de Propércio, de modo que o tradutor precisava lidar com uma quantidade imensa de conjecturas e soluções discordantes. Ver "Estabelecimento do texto", em *Elegias de Sexto Propércio*, organização, tradução, introdução e notas de Guilherme Gontijo Flores, Belo Horizonte, Autêntica, 2014, pp. 19-30.

lidade textual, ao preferir esta ou aquela leitura de um ou outro manuscrito — isso sem falar nas inúmeras conjecturas textuais modernas que continuam aparecendo em artigos, livros e novas edições. Porém até então eu achava que Propércio era um caso raro, em grande parte gerado por um modelo racionalista de filologia que distorcia as expectativas do que seria um clássico; na época, eu defendia pensarmos boa parte da poesia antiga como não-clássica, para assim lidarmos melhor com aquilo que nos soava estranho, irracional, inclassificável etc. Porém agora eu estava numa seara sem a língua original, enquanto meus originais eram duas traduções em português; na ausência de indicações precisas sobre o texto egípcio, eu só podia supor variantes, que surgiam de modo muito peculiar nas notas de Luís Manuel de Araújo como referências às traduções francesas de Pascal Vernus e de Paule Krieger,[13] sendo esta última uma tradução francesa a partir do alemão. À época, comecei a me perguntar se os dois tradutores que até então eu conhecia — Araújo e De Araújo — tinham de fato traduzido de um original — ou se eu estava diante de traduções de traduções, que apenas tangenciavam o texto egípcio. A leitura da tradução do segundo Araújo, inquietantemente contemporânea à do primeiro Araújo, reafirmou o desejo persistente de traduzir isso que eu não sabia o que era. As duas traduções traziam em si a falta como selo, e nessa duplicidade eu me sentia estranhamente em casa. Incomodavam-me a simultaneidade das publicações no ano 2000 e o Araújo duplicado no nome dos dois tradutores, ao modo da ideia formulada por Freud na noção de *Das Unheimliche*, "tudo que deveria permanecer secreto, oculto, mas apareceu",[14] coisa que pode acontecer pela repetição, geran-

---

[13] Pascal Vernus, *Chant's d'amour de l'Égypte antique*, Paris, Imprimerie Nationale, 1992; Paule Krieger, *Chants d'amour de l'Égypte ancienne*, Paris, La Table Ronde, 1996.

[14] Sigmund Freud, "O inquietante" (1919), em *Obras completas,*

do o inquietante que já foi familiar. É interessante pensar em como a tradução — enquanto possível figuração de um duplo, com sua falta reprimida que não cessa de retornar — é também ela inquietante, *unheimlich*.

5.

Em algumas passagens de sua *Poética do traduzir*,[15] Henri Meschonnic insiste na ideia de que poderíamos aplicar à tradução a radicalidade que se exige da poesia; assim, a tradução existe ou não existe, e neste último caso não existe mesmo que tenha sido feita. Para exemplificar, Meschonnic afirma que houve de fato tradução inglesa da Bíblia, a *King James*, tal como houve tradução alemã com Lutero; mas que nunca teria havido uma tradução francesa da Bíblia, embora muitos tivessem vertido seu texto.[16] A radicalidade de sua proposta, ainda que incômoda ao racionalismo, apresenta uma discussão no mínimo instigante: ela compreende a tradução não como mero ato, mas como acontecimento; portanto, como uma espécie de corte histórico que reorganiza o mundo. Esse argumento, mais do que polemizar, convoca o tradutor a tomar uma posição ética e estética a fim de romper a lógica da simples comunicação tradutória para performar na ordem do acontecimento, como aventura histórica de um sujeito. Entretanto, o que Meschonnic não consegue responder plenamente acerca do acontecimento tradutório (tal como não conseguimos de fato responder sobre a poesia) é

---

vol. 14: História de uma neurose infantil ("O homem dos lobos"); Além do princípio do prazer e outros textos (1917-1920), São Paulo, Companhia das Letras, 2010, pp. 338 ss.

[15] Henri Meschonnic, *Poética do traduzir*, tradução de Jerusa Pires Ferreira e Suely Fenerich, São Paulo, Perspectiva, 2010.

[16] *Idem*, p. xxvii.

como saber se houve a tradução, como definir que ela teve lugar. Qual seria então a linha de corte do acontecimento? Se teve lugar, qual é, afinal, esse lugar? Decerto, o pensador e tradutor francês não respondia a essas perguntas por saber que não há ponto estável que as embase: no fundo, a tradução pode, historicamente, acontecer ou não; e não se trata de um dado essencial, mas de uma relação entre subjetividades. Em Meschonnic, a recusa de um pensamento discreto e dicotômico em favor de se voltar para o contínuo reforça a percepção de que o acontecimento não se daria por meio de um corte absoluto de diferenças. No entanto, voltando às traduções de poesia egípcia que eu tinha lido em português, seria possível perguntar agora o que me perguntei então: há poesia egípcia traduzida no Brasil? Ou poderia dizer que, como a Bíblia em francês, "ela nunca foi traduzida"? Esse furo explícito de as duas traduções que li parecerem aquém do original sugeriria que não, a tradução nunca se deu — porém o fascínio que essa série de poemas exerceu sobre mim me impede de dizer, sem risco de má-fé, que não houve um acontecimento. Nesse sentido, eu insistiria que a falta implícita na tradução está na base do fascínio; assim como toda tradução acontece com o furo exposto, essas duas traduções aconteciam em mim, comigo, também como máquina que convida à próxima tradução. E esse é um acontecimento muito peculiar, um ato performativo imprevisto, porque de todo impremeditado; no entanto, ainda assim, formador de mundos.

6.

Continuei por cerca de uma década sem tocar na língua egípcia. Ia apenas acumulando traduções com as quais topava ao longo dos anos: versões em inglês, francês, espanhol, italiano, alemão, estudos em todas essas línguas, artigos online etc. Em geral, quase nenhum livro apresenta os originais egípcios, que permanecem como que em reserva aos iniciados numa religião de mistério; de modo que, na ausência dos textos egípcios, fui ampliando aquele original duplo e metamórfico até que se tornasse um verdadeiro Proteu de inúmeras faces contraditórias, que, no caso deste poema específico, apresento, em parte, aqui, como sendo os meus originais, por ordem cronológica de publicação:

When she welcomes me
Arms open wide
I feel as some traveller returning
From the far land of Punt.

All things change; the mind, the senses,
Into perfume rich and strange.

And when she parts her lips to kiss
My head is light, I am drunk without beer

(1962)[17]

Quando l'abbracio
e sono aperte le sue braccia
son come uno (che fosse) nel paese di Punt
come uno (asperso) d'olio oloroso.

(1969)[18]

When I hold my love close
(and her arms steal around me),
I'm like a man translated to Punt
or like someone out in the reedflats.

---

[17] Ezra Pound e Noel Stock, *Love poems of Ancient Egypt*, Londres, New Directions, 1962, p. 8.

[18] Edda Bresciani, *Letteratura e poesia dell'antico Egitto*, Turim, Einaudi, 1969, p. 449.

When the whole world suddenly burst into flower.
    In this dreamland of South Sea fragrances,
My love, you are essence of roses.

(1974)[19]

(A) I'll embrace her
        her arms are opened —
            and I <am> like a man in (the land of) Punt
(B) It's like de *misy plant*,
        which has become a mixture.
            Her scent is (that of) the *ibr*-balm.

(1985)[20]

Quando ela me acolhe
Braços tão abertos
Sinto-me como o viajante retornando
Da distante terra de Punt.

Tudo se confunde   o senso   o sentimento
no perfume estranho e forte

E quando ela separa os lábios para o beijo
Meu rosto é luz   estou bêbado sem beber

(1987)[21]

(*Le " frère"*)
Je veux l'étreindre, ses bras ouverts contre moi,
Comme qui revient de Pount,

---

[19] John L. Foster, *Love songs of the New Kingdom*, Nova York, Charles Scribner's Sons, 1974, p. 25.

[20] Michael V. Fox, *The song of songs and the ancient Egyptian love songs*, Madison, University of Wisconsin Press, 1985, p. 33.

[21] João Carlos de Carvalho, *Poemas de amor do Egito Antigo*, tradução de João Carlos de Carvalho (a partir de Ezra Pound e Noel Stock, *op. cit.*), São Paulo, Expressão, 1987, s/p.

En étant comme...

...

Le parfum [est comme] celui de laudanum

(1992)[22]

I shall embrace her.
Her arms are open wide.
I'm like a man from Punt.
I'ts like the *misy* plant
which becomes a medicine.
Her fragrance is *ibr* balm.

(1994)[23]

Quand je l'enlace, ses bras ouverts ver moi
    comme si j'étais Celui qui vient de Pount.
C'est comme une plante *misy* devenue mixture
    dont le parfum [ressemble] à celui du ladanum

(1996)[24]

Cuando la tomo entre mis brazos
y sus brazos me enlazan.
Es como en el país de Punt.
Es como tener el cuerpo impregnado de aceite perfumado.

(1997)[25]

---

[22] Pascal Vernus, *Chant's d'amour de l'Égypte antique, op. cit.*, p. 89.

[23] Barbara Hughes Fowler, *Love lyrics of Ancient Egypt*, Chapel Hill, The University of North Carolina Press, 1994, p. 36.

[24] Bernard Mathieu, "Études de métrique égyptienne. I. Le distique heptamétrique dans les chants d'amour", *La Revue d'Égyptologie*, n° 39, 1988, p. 34.

[25] Borja Folch, *Cantos de amor del antiguo Egipto*, Barcelona, Olañeta, 1997, s/p.

Quando me dá as boas-vindas
De braços bem abertos
Sinto-me como aqueles viajantes que regressam
Das longínquas terras de Punt.

Tudo se muda: o pensamento, os sentidos,
Em perfume rico e estranho.

E quando ela entreabre os lábios para beijar
Fico com a cabeça leve, ébrio sem cerveja

(1998)[26]

When I embrace her, her arms spread over me,
(I am) like one who is in Punt.
It is like Misy flowers, which have become a mixture
And whose smell [resembles] ladanum.

(2009)[27]

Cuando la abrazo, sus brazos se despliegan sobre mi.
(Soy) como uno que está en Punt.
Es como las flores amarillas del arbusto,
            [que se han convertido en una mezcla
Y cuyo olor (parece) el del labdanum

(2012)[28]

---

[26] Hélder Moura Pereira, *Poemas de amor do antigo Egipto*, tradução de Hélder Moura Pereira (a partir de Ezra Pound e Noel Stock, *op. cit.*), introdução de Paulo da Costa Domingos, Lisboa, Assírio & Alvim, 1998, s/p.

[27] Hana Navratilová e Renata Landgrafová (orgs.), *Sex and the Golden Goddess I: Ancient Egyptian love songs in context*, Praga, Faculty of Arts Charles University in Prague, 2009, p. 139.

[28] Robert Rivas, "Poemas de amor del Antiguo Egipto", disponível em *Idiomas Olvidados*: <http://inutilesmisterios.blogspot.com.br/2012/01/poemas-de-amor-del-antiguo-egipto.html>; acesso em 2/5/2018.

I hold her tight, while her arms spread out like wings under me (in protection) to fly, like those who are in the land of Punt. Oh, what it is like when she and I are together, we are a united couple wandering through the reeds. Her perfume is as the precious unguent, laudanum

(2014)[29]

> Quando a abraço
> e seus braços me enlaçam
> é como estar na terra de Punt,
> é como a planta *misy* quando cura,
> sua fragrância é como o bálsamo *iber*.

(2023)[30]

Serei conciso, sem citar outras traduções ou seleções que não contemplam este trecho, como é o caso da antologia em três volumes de Lichtheim,[31] porque só até aqui já temos catorze versões. De cara, parecia-me curioso observar as intervenções dos tradutores, com o emprego de reticências, colchetes, parênteses, que sugeriam lacunas textuais no original. Mas, como logo se percebe, as lacunas nem sempre apontam para o mesmo lugar, ou melhor dizendo, são lacunas aparentemente móveis, como se pode reparar no uso de "(asperso)", na tradução de Bresciani, e "[*est comme*]" ou "[*ressemble*]" nas traduções de Vernus e de Mathieu, para ficarmos em ape-

---

[29] Bernard Paul Badham, *Ancient Egyptian love songs, with commentary*, s/l, edição do autor, 2014, s/p.

[30] Alessandra Pinto Antunes Vale, *O desenvolvimento da literatura lírico-amorosa no Egito Antigo: individualidade, gênero e religiosidade no Período Raméssida (XIX-XX dinastias, 1295-1069 a.C.)*, Tese (Doutorado em História), Seropédica, UFRRJ, 2023.

[31] Miriam Lichtheim, *Ancient Egyptian literature*, Berkeley, University of California Press, 1980, 3 vols.

nas um problema. A essa pletora de soluções multilíngues passou a se somar um número crescente de notas que em parte remetiam aos textos originais; começavam então a se revelar vestígios de como ler o texto egípcio, mas a esta altura o próprio original já se tornava proteico, tal como seus duplos.

7.

Diante da multiplicação de traduções e originais, que então me punham em vertigem, e já morando em Curitiba como professor da Universidade Federal do Paraná, depois de comprar *Middle Egyptian: an introduction to the language and culture of hieroglyphs*, de James P. Allen,[32] numa livraria em Paris, há cerca de três anos tomei uma decisão dupla e, em parte, contraditória: eu traduziria todos os poemas amorosos egípcios tomando como base todas as traduções de que dispunha, com a consulta de vários estudos, recusando a ideia de um original materialmente único que determinasse seu resultado, pois tomaria todas as traduções como possíveis originais, inclusive as duas de língua portuguesa. (Note-se que nunca esteve em jogo a univocidade do texto, a metafísica da presença, mas apenas sua unidade material.) Por outro lado, decidi que também iria aprender o egípcio médio e tardio, seguindo a gramática de Allen passo a passo, para entender mais peculiaridades do que construía o poema em sua língua. Aqui chegamos ao ponto contraditório: por que me propus a aprender a língua, se não iria mais me preocupar em seguir um original da língua em jogo? Preciso antes explicar um pouco do conhecimento que temos do

---

[32] James P. Allen, *Middle Egyptian: an introduction to the language and culture of hieroglyphs*, Cambridge, Cambridge University Press, 2001.

egípcio antigo e um pouco da transmissão de seus poemas amorosos.

8.

Em primeiro lugar, a língua. É de conhecimento geral que a decodificação da língua egípcia antiga se deu há pouco tempo, no século XIX, graças à Pedra de Rosetta, descoberta em 1799 por forças do exército de Napoleão durante a invasão do Egito. Até então, pouco ou nada se sabia acerca da escrita do egípcio antigo, e a maior parte do nosso conhecimento se dava através do copta, versão muito tardia da língua — cerca de mil anos posterior ao egípcio tardio —, escrita com caracteres gregos; diante dos hieróglifos dos Reinos Antigo, Médio e Novo, o mais comum era julgar que se tratava de ideogramas ainda não de todo compreensíveis, uma ideia que continua a imperar no senso comum. O que dava base a esse entendimento era a obra *Hieroglyphica*, do século V d.C., atribuída a Horapolo, em suposta tradução grega de um certo Felipe; nela lemos a explicação de 189 hieróglifos como ideogramas. Talvez o maior exemplo renascentista de uma tentativa de escrita hieroglífica inventada nesses moldes sejam alguns trechos da *Hypnerotomachia Poliphili*, atribuída a Francesco Colonna e publicada em 1499, em Veneza. Porém a descoberta da Pedra de Rosetta mudou tudo: pelo fato de ser uma inscrição tripla em hieróglifos, demótica[33] e grego, de 196 a.C., com um decreto de Ptolomeu V, foi possível então contrastar as escritas para abrir a chave do egípcio antigo. Thomas Young e, logo depois, Jean-François Champollion começaram a comparar os nomes dos imperadores Ptolomeu e Cleópatra, que na versão egípcia estavam

---

[33] A demótica é um desenvolvimento posterior da hierática, que comento logo abaixo, e que se iniciou entre os séculos VII e VI a.C.

marcados por um círculo que os separava do restante do texto; depois de perceber as repetições de cada signo, Champollion descobriu que os hieróglifos não eram apenas ideogramas, mas, na maior parte, signos fonéticos, ao mesmo tempo simbólicos e figurativos, como ele próprio buscou demonstrar em sua *Lettre à M. Dacier*, de 1822, e, posteriormente, no *Précis du système hiéroglyphique des anciens Égyptiens*, de 1824. Esse trabalho inicial de decodificação — marcado por embate constante com Young, em disputa pela primazia na área — levou bastante tempo e vem se aprimorando minuciosamente até hoje, graças a pesquisas de línguas comparadas, de desenvolvimento do egípcio, de escrita em outros modelos etc. Com isso sabemos agora que os hieróglifos são em grande parte símbolos fonéticos consonantais, pois, como na língua hebraica, o egípcio clássico — que é uma língua afro-asiática — não tem vogais grafadas. Porém as coisas são um pouco mais complexas: um mesmo hieróglifo pode ser uma marca sonora, um ideograma ou mesmo um símbolo determinativo, a depender do uso. Por exemplo, o hieróglifo Gardiner A001 🧍 serve tanto para indicar *j* — o símbolo fonético /j/ —, como marca de primeira pessoa, seja em posição de sujeito ou de objeto, quanto para indicar um "eu" desprovido de som na fala; mas também pode apenas indicar que se trata de uma figura masculina implicada no texto. É o que acontece com uma série de palavras terminadas com o hieróglifo 🧍, que então passa a ser um ideograma que determina o gênero do indivíduo no texto. Outros exemplos: para deixar claro que há um plural, usa-se o hieróglifo Gardiner Z002 ꞌꞌꞌ; para especificar que se trata de uma figura feminina, usa-se o hieróglifo Gardiner B001 🧎 e assim por diante. Portanto, alguns hieróglifos podem ser um ideograma pronto, sem valor fonético, como é o caso de B001; outros hieróglifos podem representar dois, ou até três, sons, como é o caso de Gardiner D001 ꞁ, que é tanto o som *tp* ("cabeça") quanto o ideograma que designa a cabeça. Na verdade, há ainda o problema de que hieróglifos diferentes podem servir para representar um mesmo som, produzindo redundância escrita; ou seja, não há propriamente uma ortografia. Também não podemos ter conhecimento seguro sobre como as vogais alteravam o sentido das palavras e das frases, pelo fato de não serem contempladas pelos hieróglifos; no entanto, em contraste com o copta é possível perceber que elas diferenciavam bastante várias palavras. Para dificultar um pouco mais a leitura, as palavras não eram separadas na escrita, tal como não são as palavras do hebraico, do grego, do latim e outras línguas antigas; e não há pontuação inequívoca que separe sintagmas ou frases: a separação das palavras e a determinação de cada sentença dependem da intervenção ativa do leitor, que pode e deve levar em conta o contexto para realizar sua interpretação — tudo isso resulta numa trama de enorme ambiguidade para o leitor contemporâneo, na medida, sobretudo, em que não se tem domínio do contexto possível para determinado texto. Se hoje temos um conhecimento bastante desenvolvido pelos últimos dois séculos de pesquisa, com um bom número de gramáticas e dicionários disponíveis, a comparação entre esses estudos mostra frequentemente o dissenso interpretativo acerca da materialidade desses textos e revela, assim, quão precário é esse conhecimento em comparação com o de outras línguas antigas como o grego e o latim.

9.

Em segundo lugar, a poesia amorosa e sua transmissão material. Toda a poesia lírica amorosa egípcia que nos chegou está compreendida no Novo Reino e é datável em torno das Dinastias XIX e XX, entre 1300 e 1100 a.C., ou seja, cerca de meio milênio antes do que conhecemos da lírica grega arcaica. Os poemas sobreviveram em óstraco (um tipo de cerâmica lascada) ou em papiro. Destes últimos, os poucos que nos chegaram estão em três conjuntos de papiros:

1) O Papiro Harris 500, datado da Dinastia XIX, hoje no British Museum em Londres, apresenta na frente quatro ciclos de canções amorosas e a canção do harpista, e no verso duas narrativas; provavelmente ele é originário da Tebas Ocidental.[34]

2) O Papiro de Turim 1966, datado da Dinastia XX, hoje no Museo Egizio em Turim, apresenta na frente canções amorosas do jardim e no verso protocolos judiciais (nunca publicados).

3) O Papiro Chester Beatty I, datado da Dinastia XX, hoje na Chester Beatty Library, em Dublin, apresenta canções amorosas na frente e no verso, porém misturadas nos dois lados com outros textos; provavelmente pertencia a uma família de escribas de Deir el-Medina.[35] Esse papiro, na verdade, faz parte de uma série muito ampla de papiros que têm o mesmo nome e trazem, em geral, marcas de copistas diferentes, revelando sua talvez longa preparação.

Além disso, vários poemas nos chegaram por meio de 26 óstracos, como é o caso do Óstraco do Cairo 25218, da Dinastia XIX ou XX, que, devido ao mau estado de preservação, tem muitas lacunas; ou do Deir el-Medina 1266, em

---

[34] A antiga cidade de Tebas no Egito (diversa da Tebas grega) fica nas margens do Nilo entre o Vale dos Reis e o Mar Vermelho. Ela foi a capital do Egito durante o Novo Reino, onde era também um ponto central de adoração a Amon. Seu antigo nome egípcio era *Waset*, Lugar do Cetro; e ficou conhecida como Tebas por causa dos gregos, que adaptaram o nome a partir de *Taipet*, com o sentido de "o templo".

[35] Deir el-Medina, ou Deir Almedina, era uma aldeia de artesãos empregados nas construções do Vale dos Reis, durante o Novo Reino, em um local próximo a Tebas. Seu nome antigo em egípcio era *Set Maat*, o Lugar da Verdade.

28 fragmentos. Hoje é consenso que o Óstraco do Cairo 25218 e o Óstraco Deir el-Medina 1266 faziam parte de um vaso maior, tendo sido descobertos, porém, com mais de meio século de distância. É notável que tudo que nos chegou permanece anônimo, e apenas um ciclo de poemas está ligado ao nome de Nakht-Sobek (mas tudo indica que este seja um copista, e não necessariamente o compositor dos poemas). Navratilová e Landgrafová[36] sugerem que Nakht-Sobek poderia ser até uma espécie de usurpador, já que o fragmento com seu nome foi escrito sobre outro texto apagado. É curioso observar que todos os poemas provêm de um curto espaço de tempo (das Dinastias XIX a XX, ou seja, séculos XIII a XI a.C.), se levarmos em conta os milênios de duração da cultura egípcia; além disso, todos provêm de uma mesma região, Tebas Ocidental, e quase todos de Deir el-Medina. Essa restrição espacial e temporal coloca uma série de problemas, entre eles saber qual seria sua função original, se é que havia apenas uma; e o mais razoável é assumir o que dizem Navratilová e Landgrafová:

> O caráter dos papiros talvez corresponda a coleções copiadas para uso de uma pessoa, ou de um grupo de pessoas letradas, que mantinha uma biblioteca pessoal com textos de interesse intrínseco a eles, seja por motivo profissional e/ou pessoal, vale dizer, cultural. É muito provável que os textos tivessem múltiplos valores (incluindo, mas não se restringindo a, referência profissional, prestígio pela posse ou interesse e entretenimento privados) para os seus escritores, donos e usuários (três categorias distintas, ainda que sobrepostas). [...]

---

[36] Hana Navratilová e Renata Landgrafová (orgs.), *Sex and the Golden Goddess I: Ancient Egyptian love songs in context*, op. cit., p. 222.

Óstracos também podem ter sido parte de uma biblioteca, talvez uma biblioteca privada — uma coleção mais ampla, talvez usada por várias gerações de donos. Óstracos poderiam também fazer parte de um arquivo privado, de caráter talvez mais pessoal.[37]

Nenhum dos textos nos chegou com variantes textuais; em todos os casos, temos apenas um exemplar, sem base com que contrastar o que pode ser erro de ortografia, interpretação ou mesmo falha de um copista. Eles todos foram escritos em hierática, que é a forma cursiva mais comum na escrita egípcia dos papiros e dos vasos, em contraposição aos hieróglifos que vemos nas construções grandiosas. Isso indica que tanto a produção quanto o consumo desses textos estavam restritos a certa elite e subelite administrativa, ou a estratos sociais de artesãos letrados, mesmo que as canções tivessem, em alguns casos, prováveis origens populares ou que fossem performadas para públicos mais amplos. A escrita hierática demanda ainda mais cuidado do leitor contemporâneo, porque, para ser compreendida, precisa ser — ao menos mentalmente — vertida ao hieróglifo, que, depois de decodificado pelo especialista, é por sua vez transliterado em nosso alfabeto, apenas com as consoantes, como se observou. Não exagero se digo que já está aí em jogo um modo tradutório e interpretativo que se dá ao mesmo tempo, inclusive num papiro com caligrafia cuidadosa, como é o caso do Chester Beatty I. Já no caso dos óstracos, a situação é um pouco mais complicada: os papiros e as faixas de couro eram usados para uma escrita, por assim dizer, mais profis-

---

[37] Hana Navratilová e Renata Landgrafová (orgs.), *Sex and the Golden Goddess II: World of the love songs*, Praga, Faculty of Arts Charles University in Prague, 2015, pp. xxiv-xxv (tradução minha). Sobre a complexidade do uso dos óstracos, ver ainda *Sex and the Golden Goddess I*, *op. cit.*, p. 19.

sional, uma vez que eram dois materiais mais dispendiosos, de lenta confecção. Para a escrita ágil, as anotações e os exercícios escolares eram usados os óstracos, pequenas peças de cerâmica dispensáveis a médio prazo. Assim, podemos supor que boa parte do que sobreviveu da poesia amorosa egípcia nos óstracos pode ter sobrevivido na forma de escrita por ditado para alunos, o que amplia o problema, já que se trata de uma língua elaborada e literária, com alguns arcaísmos, construções por vezes demasiado sintéticas e estranhas etc. É como se tivéssemos fragmentos de um poeta como Gregório de Matos apenas através de folhas de ditados escolares, ou por rascunhos de copistas! Isso tudo convoca o editor, o leitor e o tradutor a desconfiar bastante do que nos chega, sobretudo no caso desses óstracos, mas por vezes também nos papiros.

Como nunca consegui ter acesso a uma versão hierática do poema que venho comentando, como mero exemplo dessa primeira adaptação ao modelo tradicional do hieróglifo, apresento abaixo outro texto (também um poema amoroso) que se encontra no óstraco Deir el-Medina 1040 e a seguir sua adaptação hieroglífica feita por Georges Posener:

Transcrição do óstraco Deir el-Medina 1040 por Posener, 1938, pl. 22.

Adaptação hieroglífica do óstraco por Posener, 1938, pl. 22.

O leitor pode perceber na transcrição inicial do óstraco que Posener marca vários símbolos com hachuras para indicar que sua leitura é difícil e, portanto, hipotética já na identificação material. Fazendo suas conjecturas na escrita cursiva, ele então apresenta sua transposição para os hieróglifos, também com hachuras indicadas, o que não se dá sem um segundo passo de hipóteses. Fox, por exemplo, embora edite e traduza este mesmo fragmento, assume que, apesar de o poema apresentar quatro linhas inteiras, seu sentido permanece quase de todo obscuro, e poderia até não ser um poema amoroso. Eis minha tradução atual do fragmento:

vire-me por inteiro • cuide do corpo •
aponte o rosto para dentro • despoje o coração •
daquele deleite do corpo ↰

Como se não bastasse, a língua dos poemas não é o egípcio médio, parcela mais bem conhecida, anotada e explicada da língua, mas sim o egípcio tardio. Assim, para entender um pouco melhor os textos, consultei também as gramáticas específicas de Junge[38] e de Neveu,[39] além do dicionário de Lesko e Lesko.[40] Ao fim e ao cabo, mesmo com certo tempo de estudo e bastante repertório para consulta, sinto que não tenho quase nenhum domínio linguístico do egípcio médio, menos ainda do novo, mas que consigo extrair, com muito esforço — e sobretudo em contraste com comentários e traduções —, possibilidades de leitura que contribuam para uma poética. É nessa condição que eu traduzo. Seria abusivo dizer que me tornei egiptólogo, exagerado afirmar que consigo ler sozinho uma inscrição qualquer; por isso busquei estudos específicos que me dessem o maior amparo possível nessa aventura (tais como os já citados *Sex and the Golden Goddess I* e *II*, de Hana Navratilová e Renata Landgrafová), e outros que proporcionassem uma visão ampla do contexto, como o *L'Empire des Ramsès*, de Claire Lalouette.[41] É, portanto, na diversão (divergência e divertimento) entre traduções e originais que estabeleço uma nova relação tradutória na qual me instauro também tradutor dessa tradição — aqui com toda a ambiguidade da expressão: tradutor que sou, faço parte da tradição, mas também traduzo as variantes da tradição, num movimento instável.

[38] Friedrich Junge, *Late Egyptian Grammar: An introduction*, 2ª ed., tradução para o inglês de David Wartburton, Oxford, Griffith Institute, 2005.

[39] François Neveu, *The language of Ramesses: Late Egyptian Grammar*, tradução para o inglês de Maria Cannata, Oxford, Oxbow Books, 2015.

[40] Leonard H. Lesko e Barbara Switalski Lesko, *A dictionary of Late Egyptian*, 2ª ed., Fall River, B. C., Scribe Publications, 2002.

[41] Claire Lalouette, *L'Empire des Ramsès. Histoire de l'Egypte pharaonique III*, Manchecourt, Flammarion, 1995.

10.

Neste momento, se já nos desvencilhamos da ideia de um original único que se abriria para infinitos suplementos hermenêuticos, posso contar como cheguei a novos originais no texto egípcio hieroglífico e transliterado, em sua pluralidade, mostrando alguns deles com a dupla assinatura de quem o editou. Em primeiro lugar, apresento duas versões em hieróglifo daquele mesmo poema que por primeiro me fascinou:

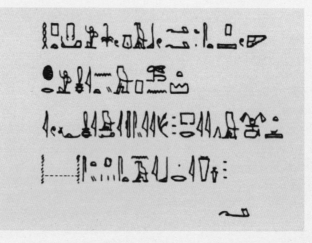

Interpretação dos hieróglifos por Foster, 1992;
a quebra de versos é feita por ele.

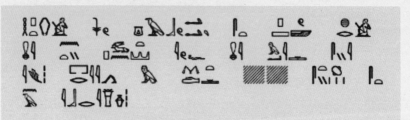

Interpretação dos hieróglifos por Badham, 2014,
com separação de palavras em prosa.

Seguem agora quatro transcrições do que seria o som grafado pelas consoantes, com divisão de palavras:

ḥpt.i sw gȝbwy.s t pš ḥr.j mi nt[y] m pwnt iw.f mj misy pri m dmḏt . . . sty.s nȝ ibr

(Fox, 1980)

ḥpt.i sw gbAw
st pSw dnH xr.i
mi nty m pwnt
iw.f mi mai sy iw
pry m dmdt [Sw]
[swt] sty st nA ib
ri mrHt sft

(Foster, 1992)

ḥpt=j s.w gb.wy=s pš=w ḥr=j
mj nty m Pwn.t
jw=f mj mjsy pr=y m dmḏ.t [. . . jw]
sty=s nȝ jbr.w

(Mathieu, 1996)

ḥpt=j {sw}<st> gȝb.wy=s pš(.w) ḥr=j
mj nty m pwn.t
jw=f mj mjsy.w pry(.w) m dmḏ.t
[snj] sty=s nȝ jbr.w

(Navratilová e Landgrafová, 2009)

Hepet I sw gebaawy, set peshw kher I, mi nety Pwnt.
Iw ef mi may sy I iaarw, peri em demedet.
Setjy st naa iber.

(Badham, 2014)

Qualquer passagem de olho muito rápida já é capaz de perceber que não há consenso editorial, por exemplo, sobre a versificação egípcia, que é, por falta de dados, outro problema interpretativo. Em alguns papiros, vemos uma pontuação discreta em vermelho, que indicaria a quebra dos versos, muito embora não seja possível determinar com clareza qual seria a regra versificatória em jogo, nem qual seria a prática vocal dessa poesia eminentemente oral, já que desconhecemos as particularidades das vogais e de seu emprego nessa poética. No caso do trecho que estamos vendo, essa pontuação não aparece no óstraco, e são os editores que determinam como ler uma possível quebra de versos. Ou seja, quem determina a noção de verso é o editor, e não um dado inequívoco da materialidade textual. O texto só pode ser definido por um ato que o circunscreva e o defina como texto e como poema.

11.

O que está em jogo, portanto, é um curto-circuito entre interpretação do texto e estabelecimento material do próprio texto. Mais do que um infinito suplemento derridiano, é a própria materialidade que está condicionada pela interpretação, que depois retorna ao texto e tenta produzir sentido. Essa produção, por sua vez, interfere no restante do *corpus*, gerando uma série de poemas metamórficos, de originais em movimento material que convidam a uma multiplicação incessante de interpretações. Isso, que em parte pode se aplicar a quase qualquer texto, se supusermos as condições materiais de edição e leitura, de vocalização e escuta, como condicionantes (considere-se que o leitor pode trocar palavras, o ouvinte pode escutar algo diverso do que o falante disse, sem que nada disso impeça o diálogo e a semiose de seguir adiante de ambos os lados), é bastante comum nos textos mais problemáticos da tradição greco-romana. Já mencionei minha experiência com as *Elegias* de Sexto Propércio, agora dou como exemplo os versos 189-93 do poema 61 de Catulo, tais como nos chegaram pelos manuscritos:

> Ad maritum tamen iuuenem
> celites, nichoilo minus
> pulcre res, nec te Venus
> neglegit. sed abiit dies:
> perge, ne remmeorare.

Martin L. West[42] mostra com cuidado os problemas ali encontrados, tais como agramaticalidades e desconexões de sentido, além de irregularidades métricas, que sugerem uma corrupção do texto original ao longo de um processo de cópias manuais. Essa estranheza material convida o leitor a formar um novo padrão a partir de seu conhecimento linguístico; é precisamente isso que faz um filólogo numa edição crítica: ele tenta dar ao texto aquilo que imagina ser o seu original. Em outras palavras, diante de um texto complexo e/ou deturpado, o editor suplementa a origem, ocupa ele próprio o lugar ambíguo de receptor e coautor do texto, porque assume o desafio de definir sua materialidade. Nesses casos a hermenêutica traça o corte da questão ontológica e mesmo ôntica. Numa leitura corrigida possível desse mesmo texto, segundo West, leríamos:

> at marite, ita me iuuent
> caelites, nihilo minus
> pulcher es, neque te Venus
> neglegit. sed abit dies:
> perge, ne remorare.

---

[42] Martin L. West, *Textual criticism and editorial technique: applicable to Greek and Latin texts*, Stuttgart, Teubner, 1973, pp. 132 ss.

De fato, a proposta de West coincide com a maior parte das edições contemporâneas de Catulo, o que reforça que é possível utilizar métodos relativamente precisos para corrigir erros típicos de copistas, tais como trocas de letras similares, grafias de época e pequenas confusões gramaticais recorrentes. A edição de D. F. S. Thomson[43] é basicamente a mesma (altera apenas a grafia *pulcher* para *pulcer*, sem prejuízo do sentido e do som), bem como a de João Angelo Oliva Neto,[44] que assim se lê em tradução:

> marido — que os celícolas
> me ajudem — não és menos
> belo em nada nem Vênus
> te desleixa mais passa
> o dia, vai, não tardes.

Então, para traduzir um texto é preciso antes decidir o que é esse texto, modulá-lo e moldá-lo materialmente; o que só pode se dar, como já disse, numa espécie de curto-circuito em que a interpretação deve acontecer numa interação simultânea com a definição material. Essa interpretação antes da origem é uma resposta à precariedade do próprio texto, assim como toda experiência linguística é marcada por preenchimentos vários, seja da grafia, seja do som escutado. Nos textos danificados pela transmissão e complicados pelo nosso parco conhecimento linguístico, esse acontecimento geral da linguagem se torna transparente, porque demanda uma ação consciente do editor, comentador, tradutor e leitor. Nesse sentido, tanto as transcrições da escrita hierática quanto

---

[43] D. F. S. Thomson, *Catullus, edited with a textual and interpretative commentary*, Toronto, University of Toronto Press, 1997.

[44] João Angelo Oliva Neto, *O livro de Catulo*, São Paulo, Edusp, 1996.

suas transposições em hieróglifos e suas transcrições fonéticas são já processos interpretativos que não só alteram, mas, de certo modo, inventam o original. O resultado disso é uma multiplicação de assinaturas e contra-assinaturas, uma metamorfia estruturante que tende a não cessar (como não cessam as novas edições de Catulo e Propércio...). Nessa construção do texto, o que está em jogo é sua legibilidade, ou melhor, são suas legibilidades plurais, mesmo as contraditórias. Se é assim, se a interpretação necessariamente "inventa" um "original", ela o multiplica de modo incessante, num suplemento de origem que altera o plano material em jogo. Desse modo, aprender egípcio para traduzir poesia egípcia não é mais uma contradição com a determinação de traduzir a partir das traduções preexistentes; em certo sentido, são as traduções que exprimem como os editores leem e editam os possíveis originais: elas operam a rasura textual, invertem a cronologia tradutória e passam a assumir a primazia. São elas que justificam o original, e não o contrário.

12.

Depois de uma série de reescritas, assim traduzi o poema do Óstraco do Cairo 25218 + Óstraco Deir el-Medina 1266, ou assim o traduzo por enquanto:

se eu abraço seus braços • em asas para mim • pareço
    estar em Punt •
parece *mísy* • numa mistura • o seu perfume é bálsamo
    de *iber* ⌐⌐

Quem tiver disposição de retornar à multiplicação dos originais perceberá que minha tradução não segue apenas um deles, mas acaba por delinear ela própria o original que deve traduzir, mesmo que não o grafe em transcrição, hierática ou hieróglifos. Nesses casos, o original passa a existir como resultado do ato tradutório. Gostaria então de muito brevemente alinhavar algumas escolhas significativas. Em primeiro lugar, diferentemente de todos os outros tradutores, optei por fazer um esquema métrico semifixo; sigo sempre padrões pares de metro, um pouco ao modo da poesia de Giuseppe Ungaretti em *Il dolore*, publicado em 1947, o que cria uma espécie de repetição rítmica na variação do número de sílabas. Assim faço a escansão, numa disposição visual em verso:

	sílabas
Se eu l a l **bra** l ço l seus l **bra** l ços ‖	6
em l **a** l sas l **pa** l ra l **mim**, ‖	6
pa l **re** l ço es l **tar** l em l **Punt.** ‖	6
Pa l **re** l ce l *mí* l *sy* ‖	4
nu l ma l mis l **tu** l ra, ‖	4
o l **seu** l per l **fu** l me é l **bál** l sa l mo l de *i* l **ber.** ‖	10

Assim, as duas estrofes tripartidas da tradução resultam num mesmo número de sílabas poéticas somadas, totalizando 18 sílabas em cada. Para além disso, como Ungaretti, tentei criar uma preponderância de padrões binários de acento interno das unidades, embora não seja uma regra. Tudo isso se dá por perceber que, embora nada indique uma contagem de sílabas na poesia egípcia, muito menos uma contagem de sílabas longas e breves como no latim e no grego, ela parece se organizar por respirações como a poética hebraica arcaica se organizava em versículos com pausas internas. A discussão sobre o verso egípcio é ponto de dissenso: Pascal Vernus[45] comenta alguns problemas do entendimento versificatório e

---

[45] Pascal Vernus, *Chant's d'amour de l'Égypte antique, op. cit.*, pp. 20-3.

sugere que haveria um número variável de acentos; Bernard Mathieu[46] leva adiante uma proposta interessante, defendendo que a poesia egípcia estaria organizada em dísticos, com uma tendência heptamétrica, ou seja, feita por quatro acentos principais no primeiro verso e três no segundo; para além disso, vemos como os poemas nos chegaram com uma organização macroestrófica em geral mais clara do que a dos versos.[47]

A noção versificatória pode ser mais perceptível em alguns poemas (como os da primeira série amorosa do Papiro Chester Beatty I) que vêm com marcas de pontuação vermelha que sugerem uma respiração, coisa que para nós poderia ser compreendida como a unidade de um verso.[48] No Óstraco do Cairo 25218 + Óstraco Deir el-Medina 1266 essa pontuação não aparece, o que leva os editores e tradutores a debaterem sobre sua possível definição, bem como sobre o local exato de um corte, sem chegar a um consenso. Por isso, optei por uma disposição que remete ao mesmo tempo à prosa e ao verso, com uma respiração pontuada de vermelho extraída de outros poemas que nos chegaram, mesmo no caso dos poemas que não apresentam essa pontuação. Na primeira versão dessa tradução, dispus os versos assim, usando a leitura e a tradução de Foster como base:

---

[46] Bernard Mathieu, "Études de métrique égyptienne. I. Le distique heptamétrique dans les chants d'amour", *op. cit.*

[47] Mathieu retoma com minúcia a discussão formal da poesia amorosa egípcia em seu livro *La poésie amoureuse de l'Égypte Ancienne* (1996, cap. VIII), abordando outros aspectos, como, por exemplo, a possibilidade de os ciclos de sete estâncias reproduzirem os sete metros do dístico.

[48] Ogden Goelet Jr. (2012, pp. 361-4) sugere que a pontuação seria resultado de uma prática da escrita à mão, aplicada de modo um tanto quanto inconsistente.

Se eu abraço seus braços
em asas para mim,
     pareço estar em Punt.

Parece *mísy*
numa mistura,
     o seu perfume é bálsamo de *iber*.

Na época eu seguia a disposição visual de versos em hemistíquios, sugerida por Fox, depois de me convencer de que, embora não saibamos muito sobre a versificação egípcia, ela poderia ser recriada como composição visual. Porém, ao considerar as implicações da poesia hebraica tal como comentada e recriada em francês por Henri Meschonnic, com espaços brancos,[49] e como foi resgatada por Haroldo de Campos,[50] com sinais de parágrafo (§), julguei que certo borrão na noção de verso *contra* prosa poderia ser importante neste projeto. Ao manter certo modelo quase-silábico e quase-binário, organizado por pontuações, performo um hibridismo entre o padrão egípcio que não dominamos e certa expectativa métrica ligada às poéticas antigas; é nesse espírito que crio microestrofes a cada trecho, que acabam sendo representadas como linhas. Assim também pretendo deixar o texto instável entre sua condição de canção oral e sua transmissão puramente escrita, sem resolver essa questão, mas relançando-a

---

[49] Henri Meschonnic, *Les cinq rouleaux: Le Chant des chants, Ruth, Comme ou les Lamentations, Paroles du Sage, Esther*, Paris, Gallimard, 1970, pp. 16-7; *Pour la poétique II: Épistémologie de l'ecriture, Poétique de la traduction*, Paris, Gallimard, 1973, p. 451; *Jona et le signifiant errant*, Paris, Gallimard, 1981, pp. 48-9.

[50] Haroldo de Campos, *Bere'shith: a cena da origem (e outros estudos de poética bíblica)*, São Paulo, Perspectiva, 1993, pp. 20-3 e 43-4; *Qohélet/O-que-sabe: Eclesiastes*, com colaboração especial de Jacó Guinsburg, São Paulo, Perspectiva, 2004, pp. 28-9.

em sua historicidade. Ao fim de cada poema de um ciclo, passei a colocar o hieróglifo Gardiner D041 ⌐, que tradicionalmente simboliza uma pausa e aparece em alguns poemas como marcação do fim, para que se possa começar o próximo texto. Tal como no caso dos pontos vermelhos, aqui também regularizei o uso para todo o trabalho, por acreditar que poderia incorporar o uso ideogrâmico de um hieróglifo na tradução, o qual passaria a ser compreendido pela sua repetição sistemática.

Outro ponto para mim importante foi a recriação de aliterações e assonâncias gerais: a poesia egípcia é marcada por uma riqueza de paronomásia impressionante, que envolve recorrências sonoras variadas das consoantes que sobreviveram e até trocadilhos, o que qualquer leitor pode perceber nas transcrições fonéticas pela repetição das mesmas consoantes. Como a tradição do cancioneiro popular brasileiro também recorre aos jogos sonoros entre vogais, optei por retraçar essas relações, mesmo que elas não possam ser verificadas em egípcio. Assim, é possível ver como as tônicas (em negrito acima) dos três primeiros versos tendem ao som de *a* acompanhado por aliterações em *b* e *p* (abraço, braços, para, pareço, Punt), enquanto concentro acentos em *u* nos dois últimos versos da segunda estrofe, com aliterações em *m* (*mísy*, numa, mistura, perfume, bálsamo). Nesse ímpeto de buscar um som que seja o da canção, em outras traduções até cito o cancioneiro moderno, como no caso do poema 5 da primeira série do Papiro Chester Beatty I:

> [...]
> ela chegou aqui por conta própria • que deleite delíquio •
> que delírio delícia que dilúvio • se digo ela chegou •
> pois mal pousa os amantes se reclinam • por ser tamanho
>   amor •
> [...]

Nessa sequência, os termos "deleite", "delíquio", "delírio", "delícia" e "dilúvio" são todos tirados dos versos finais da tradução de Carlos Rennó para "It's De-Lovely" de Cole Porter, intitulada em português "Que de-lindo":

> Que deleite, que delícia,
> Que delírio, que delíquio,
> Que dilema, que delito, que dilúvio,
> Que de-lindo!

Por certo, a tradução não se fez por mero enxerto, mas aproveitou um momento de diálogo temático para desdobrar um diálogo com o cancioneiro e com a prática tradutória de poesia oral contemporânea, que até hoje recebe muito menos atenção teórica e crítica do que merece. Movimento similar eu mesmo tinha feito com a poesia de Safo, ao verter os dois primeiros versos do fragmento 31 (o mais famoso do *corpus*) como:

> Num deslumbre ofusca-me igual aos deuses
> esse cara que hoje na tua frente
> [...]

Nessa passagem optei por fazer em tradução uma clara referência à canção "Esse Cara", de Caetano Veloso, para performar o gesto crítico de vinculação entre mélica grega arcaica e canção brasileira contemporânea. Dessa forma, aproveitando que a tradução da poesia egípcia instabiliza o original e o molda, pude também fundir registros, inverter tradições, performar uma tradição de oralidade ao mesmo tempo que eu próprio traduzia uma tradição de traduções anteriores.

Quanto à questão interpretativa e lexical, guardo nesta versão as duas palavras que se mantêm enigmáticas — *mísy* e *iber* — que já me fascinavam desde a primeira leitura da tradução de Araújo, sejam elas geradas por lacuna material do óstraco, ou por lacuna lexical dos dicionários modernos. Em nota ao poema, Araújo afirmava que "A planta e o bálsamo mencionados não são identificados".[51] Já Fox, que mantinha *ibr*, não o comentava e se restringia a afirmar que *mísy* é uma planta desconhecida.[52] Por outro lado, Vernus, que marca uma lacuna onde aparecia *mísy* e verte *ibr* por *laudanum*, não tece nenhum comentário; nenhum comentário faz De Araújo, que também traduz os termos; Mathieu traduz *ibr* por *ladanum*, mas assume que não é confirmado e também insiste que *mísy* não é identificada,[53] no que é seguido por Navratilová e Landgrafová.[54] Nessa divisão, optei pelo estranhamento da planta desconhecida, como símbolo de uma alteridade nas relações com o ambiente na região do vale do Nilo. Já Punt é consenso entre todos os editores e tradutores: trata-se de uma região real, embora não identificável com precisão geográfica hoje, mas que servia de fonte para incensos no Egito; era vista como uma espécie de paraíso terrestre por seu clima e natureza. Assim, em vez de generalizar com o termo "paraíso", preferi manter o vínculo espacial como estranhamento do presente.

Por fim, incorporei um aspecto que se encontrava apenas na tradução de Badham: a expressão *like wings*, que em português ficou "em asas para mim". Convém dar mais detalhes: nada na transcrição sonora dos poemas evoca uma

---

[51] Emanuel Araújo, *Escrito para a eternidade*, *op. cit.*, p. 326.

[52] Michael V. Fox, *The song of songs and the ancient Egyptian love songs*, *op. cit.*, p. 36.

[53] Bernard Mathieu, *La poésie amoureuse de l'Égypte Ancienne: recherches sur un genre littéraire au Nouvel Empire*, Cairo, Institut Français d'Archéologie Orientale du Caire, 1996, p. 44.

[54] Hana Navratilová e Renata Landgrafová (orgs.), *Sex and the Golden Goddess I*, *op. cit.*, p. 139.

asa, temos apenas *pšw*,[55] que está ligado ao verbo *psš*, que o dicionário de Livio Secco[56] interpreta como "*dividere, distribuire, spartire, ripartire*", o de Bill Petty[57] resolve como "*divide*", e o de Leonard Lesko e Barbara Lesko[58] indica como derivado de *pš* com o sentido de "*to divide, to share, to apportion, to assign*". No entanto, a presença do ideograma da asa (hieróglifo Gardiner H005 ⟋), que não é fonético, indica visualmente o abrir dos braços "como asas", que é como Badham traduz a imagem; o termo aparece em Lesko e Lesko com o sentido de "*to spread out*". O próprio Badham,[59] em comentário ao poema, lembra como a imagética de deuses alados como proteção era comum no Antigo Egito e poderia alterar o sentido geral do poema numa equiparação entre proteção divina e amor. Mathieu, que não usa nada que se refira a asa em sua tradução, sugere que a imagem dos braços abertos pode evocar a deusa Hathor — patrona do amor — tal como era representada em alguns sarcófagos, protegendo o defunto.[60] No fundo, o que está em questão é que um hieróglifo sem aparente valor fonético pode servir como símbolo que especifica uma comparação ou metáfora,

---

[55] Sigo aqui a edição de Mathieu (*La poésie amoureuse de l'Égypte Ancienne, op. cit.*), que considero a mais interessante, inclusive na manutenção dos hemistíquios; *pSw* na de Foster; *peshw* na de Badham. São meras variantes da grafia, mas designam nos três a mesma palavra.

[56] Livio Secco, *Dizionario egizio-italiano, italiano-egizio*, Turim, Kemet, 2015.

[57] Bill Petty, *Hieroglyphic sign list: based on the work of Alan Gardiner*, Littleton, Museum Tours Press, 2013a.

[58] Leonard H. Lesko e Barbara S. Lesko, *A dictionary of Late Egyptian, op. cit.*

[59] Bernard Paul Badham, *Ancient Egyptian love songs, with commentary, op. cit.*

[60] Bernard Mathieu, *La poésie amoureuse de l'Égypte Ancienne, op. cit.*, p. 44.

embora não haja consenso entre os estudiosos. Como se trata de um poema, e sabemos que os egípcios tiravam muito partido do fator visual de sua escrita, optei por traduzir a imagem concreta em som e imagem mental; além disso, para manter o choque, retirei da minha tradução o comparativo e deixei os braços tornarem-se asas.

13.

No começo de 2018, terminei a primeira versão da tradução integral de todos os poemas amorosos egípcios que nos chegaram, inclusive alguns fragmentos mais legíveis, usando apenas as várias traduções a que tive acesso como base, enquanto estudava o egípcio. Há pouquíssimo tempo, comecei a rever essas traduções com um olhar mais detido nas transcrições e nos hieróglifos, conforme consigo acessá-los. É um percurso inacabado, talvez inacabável; daí a necessidade de fundir o relato precário de meu percurso à experiência da prática tradutória para fazer alguns gestos teóricos. Não posso negar que essas traduções se situam antes dos originais — por um lado, temporalmente, por tê-las conhecido muitos anos antes de ter visto os textos egípcios; por outro, elas condicionam as possibilidades dos originais que elas fundam no mesmo ato em que os rasuram. Nesta experiência, se o original guarda certa aura, ela está embaçada, embaralhada, nas múltiplas variantes textuais e nas interferências promovidas pelas traduções, que eliminam a hierarquia típica entre original e tradução. Nessa mistura, acabo também eu rasurando e fundando novos "originais"; tomo daqui e dali segundo me convém, segundo se estabelece sua legibilidade e traduzibilidade num movimento histórico.

Nomeei este trabalho como *Seu dedo é flor de lótus: poemas de amor do Antigo Egito* e decidi assiná-lo como um livro meu de poemas; gesto extremo de contra-assinatura crítica e de tomada de partido. Ao mesmo tempo que o incorporo, preencho lacunas, fundo passagens etc., tenho anotado, ainda que de modo conciso, cada poema, indicando sua origem material e explicando algumas leituras históricas possíveis, para marcar sua diferença constitutiva, sua condição dupla de tradução e obra nova. Quero com isso forçar o lugar problemático da assinatura tradutória, que sem dúvida estará em tensionamento contraditório com o subtítulo do livro, uma vez que denuncia seu caráter híbrido. Nada inovo nesse quesito: basta lembrarmos que Haroldo de Campos assinou a própria tradução da *Ilíada de Homero* (2003), deixando Homero como parte do título do livro e rasurando seu lugar de autoria, partilhando e, melhor dizendo, usurpando luciferinamente o lugar do autor. Encontramos uma contra-assinatura forte nos "poemas mudados" de Herberto Helder, seja no *Bebedor nocturno*[61] ou em outros livros nos quais, ao mesmo tempo que dá origem aos poemas, apaga seus originais e elimina o percurso feito.[62] Só há pouco descobri que Helder também tinha traduzido o mesmo poema:

> Quando eu a cinjo e ela me abre os braços
> sou como um homem que regressa da Arábia,
> impregnado de perfumes.

---

[61] Herberto Helder, *O bebedor nocturno: poemas mudados para português*, Lisboa, Assírio & Alvim, 2010.

[62] Recentemente consegui descobrir que alguns poemas (não todos) da série dos "Cinco poemas esquimós", incluídos por Herberto Helder em seu livro, estão presentes na antologia de poesia oral organizada por Ruth Finnegan (*The Penguin book of oral poetry*, Londres, Penguin, 1982). Com isso, hoje é possível saber que Helder partiu de versões inglesas para fazer as suas.

O que marca talvez a diferença maior: se Helder de certo modo aclimata o poema, prefiro mantê-lo na zona de seu estado indecidível; assino junto, contra-assino e me aposso, como Helder, porém insisto em mantê-lo outro nessa relação. Neste jogo, o que se anuncia enquanto original entra apenas como uma versão a mais de um texto metamórfico e instável. No entanto, isso que vivi de modo interrupto e irregular nos últimos anos não poderia ser também uma definição provisória do traduzir? Não é um percurso complexo e truncado que, ao fim, decide até mesmo as condições materiais de um texto, ali onde ele se mostra instável? Parece-me, agora, que o que está em jogo nestes poemas egípcios de amor é a forma radical de toda experiência de leitura no sentido mais amplo, bem como de hermenêutica ou de tradução. O toque do tradutor imediatamente remete a antes do original, funda o original, num gesto generoso de rasura e criação.

Referências bibliográficas

ALFONSO, Eduardo. *Compendio de gramática jeroglífica del egipcio clásico*. Barcelona: Ediciones Bellsola, 1973.

ALLEN, James P. *Middle Egyptian: an introduction to the language and culture of hieroglyphs*. Cambridge: Cambridge University Press, 2001.

ARAÚJO, Emanuel. *Escrito para a eternidade: a literatura no Egito faraônico*. Brasília/São Paulo: Editora UnB/Imprensa Oficial do Estado, 2000.

ARAÚJO, Luís Manuel de. *Estudos sobre erotismo no antigo Egipto*. Lisboa: Colibri, 2000.

BADHAM, Bernard Paul. *Ancient Egyptian love songs, with commentary*. s/l: Edição do autor, 2014.

BLOOM, Haroldo. *Angústia da influência: uma teoria da poesia*. Tradução de Marcos Santarrita. Rio de Janeiro: Imago, 1991.

_____. *Um mapa da desleitura*. Tradução de Thelma Médici Nóbrega. Rio de Janeiro: Imago, 1995.

BRESCIANI, Edda. *Letteratura e poesia dell'antico Egitto*. Turim: Einaudi, 1969.

BUDGE, E. A. Wallis. *The Book of the Dead*. Nova York: Gramercy Books, 1960 (1895), 2 vols.

_____. *An Egyptian hieroglyphic dictionary*. Nova York: Dover, 1978 (1920).

BUTLER, Judith. *Relatar a si mesmo: crítica da violência ética*. Tradução de Rogério Bettoni. Belo Horizonte: Autêntica, 2015.

CAMPOS, Haroldo de. *Bere'shith: a cena da origem (e outros estudos de poética bíblica)*. São Paulo: Perspectiva, 1993.

_____. *Ilíada de Homero*. 4ª ed. São Paulo: Arx, 2003, 2 vols.

_____. *Qohélet/O-que-sabe: Eclesiastes*. Colaboração especial de Jacó Guinsburg. São Paulo: Perspectiva, 2004.

CARVALHO, João Carlos de. *Poemas de amor do Egito Antigo*. Tradução de João Carlos de Carvalho. São Paulo: Expressão, 1987.

CLARK, T. Rundle. *Símbolos e mitos do Antigo Egito*. Tradução de Noberto de Paula Lima e Atílio Cancian. São Paulo: Hemus, s/d, 2 vols.

CLINE, Eric H.; O'CONNOR, David (orgs.). *Ramesses III: The life and times of Egypt's last hero*. Ann Arbor: University of Michigan Press, 2012.

DARNELL, John C. "The Rituals of Love in Ancient Egypt: Festival Songs of the Eighteenth Dynasty and the Ramesside Love Poetry". *Die Welt des Orients*. Bd. 46, 2016, pp. 22-61.

DERRIDA, Jacques. *Essa estranha instituição chamada literatura: uma entrevista com Jacques Derrida*. Tradução de Marileide Dias Esqueda. Revisão técnica e introdução de Evando Nascimento. Belo Horizonte: UFMG, 2014.

_____. *O monolinguismo do outro ou a prótese de origem*. Tradução de Fernanda Bernardo. Belo Horizonte: Chão da Feira, 2016.

FINNEGAN, Ruth H. (org.). *The Penguin book of oral poetry*. Londres: Penguin, 1982.

FLORES, Guilherme Gontijo. "Estabelecimento do texto". In: PROPÉRCIO. *Elegias de Sexto Propércio*. Organização, tradução, introdução e notas de Guilherme Gontijo Flores. Belo Horizonte: Autêntica, 2014.

FOLCH, Borja. *Cantos de amor del antiguo Egipto*. Barcelona: Olañeta, 1997.

FOSTER, John L. *Hymns, prayers, and songs. An anthology of ancient Egyptian lyric poetry*. Atlanta: Scholars Press, 1995.

_____. *Love songs of the New Kingdom*. Austin: University of Texas Press, 1992.

_____. *Love songs of the New Kingdom*. Nova York: Charles Scribner's Sons, 1974.

FOWLER, Barbara Hughes. *Love lyrics of Ancient Egypt*. Chapel Hill: The University of North Carolina Press, 1994.

FOX, Michael V. "The Cairo Love Songs". *Journal of the American Oriental Society*, vol. 11, nº 2, 1980, pp. 101-9.

_____. *The song of songs and the ancient Egyptian love songs*. Madison: University of Wisconsin Press, 1985.

FREUD, Sigmund. "O inquietante" (1919). In: *Obras completas, vol. 14: História de uma neurose infantil ("O homem dos lobos"); Além do princípio do prazer e outros textos (1917-1920)*. Tradução de Paulo César de Souza. São Paulo: Companhia das Letras, 2010.

GOELET JR., Ogden. "The literary environment of the age of Ramesses III". In: CLINE, Eric H.; O'CONNOR, David (orgs.). *Ramesses III: The life and times of Egypt's last hero*. Ann Arbor: University of Michigan Press, 2012, pp. 305-403.

HELDER, Herberto. *O bebedor nocturno: poemas mudados para português*. Lisboa: Assírio & Alvim, 2010.

JUNGE, Friedrich. *Late Egyptian Grammar: An introduction*. 2ª ed. Tradução de David Wartburton. Oxford: Griffith Institute, 2005.

KRIEGER, Paule. *Chants d'amour de l'Égypte ancienne*. Paris: La Table Ronde, 1996.

LALOUETTE, Claire. *L'Empire des Ramsès. Histoire de l'Egypte pharaonique III*. Manchecourt: Flammarion, 1995.

LESKO, Leonard H.; LESKO, Barbara S. *A dictionary of Late Egyptian*. 2ª ed. Fall River: B.C. Scribe Publications, 2002.

LICHTHEIM, Miriam. *Ancient Egyptian literature*. Berkeley: University of California Press, 1980, 3 vols.

MATHIEU, Bernard. "Études de métrique égyptienne. I. Le distique heptamétrique dans les chants d'amour". *La Revue d'Égyptologie*, nº 39, 1988, pp. 63-82.

_____. *La poésie amoureuse de l'Égypte Ancienne: recherches sur un genre littéraire au Nouvel Empire*. Caire: Institut Français d'Archéologie Orientale du Caire, 1996.

MESCHONNIC, Henri. *Les cinq rouleaux: Le Chant des chants, Ruth, Comme ou les Lamentations, Paroles du Sage, Esther*. Paris: Gallimard, 1970.

_____. *Pour la poétique II: Épistémologie de l'ecriture, Poétique de la traduction*. Paris: Gallimard, 1973.

_____. *Jona et le signifiant errant*. Paris: Gallimard, 1981.

_____. *Poética do traduzir*. Tradução de Jerusa Pires Ferreira e Suely Fenerich. São Paulo: Perspectiva, 2010.

MESKELL, Lynn. *Private life in New Kingdom Egypt*. Princeton: Princeton University Press, 2002.

NAVRATILOVÁ, Hana; LANDGRAFOVÁ, Renata (orgs.). *Sex and the Golden Goddess I: Ancient Egyptian love songs in context*. Praga: Faculty of Arts Charles University in Prague, 2009.

_____. (orgs.). *Sex and the Golden Goddess II: World of the love songs*. Praga: Faculty of Arts Charles University in Prague, 2015.

NEVEU, François. *The language of Ramesses: Late Egyptian Grammar*. Tradução de Maria Cannata. Oxford: Oxbow Books, 2015.

OLIVA NETO, João Angelo. *O livro de Catulo*. São Paulo: Edusp, 1996.

ORTIZ, José Miguel Parra. *A vida amorosa no Antigo Egito: sexo, matrimónio e erotismo*. Tradução de Verónica Vilar. Lisboa: A Esfera dos Livros, 2010.

PEREIRA, Hélder Moura. *Poemas de amor do antigo Egipto*. Tradução de Hélder Moura Pereira. Introdução de Paulo da Costa Domingos. Lisboa: Assírio & Alvim, 1998.

PETTY, Bill. *Hieroglyphic sign list: based on the work of Alan Gardiner*. Littleton: Museum Tours Press, 2013a.

_____. *Hieroglyphic dictionary: a Middle Egyptian vocabulary*. Littleton: Museum Tours Press, 2013b.

_____. *Egyptian glyphary: a sign list based hieroglyphic dicionary of Middle Egyptian*. Littleton: Museum Tours Press, 2012.

POUND, Ezra; STOCK, Noel. *Love poems of Ancient Egypt*. Londres: New Directions, 1962.

QUIGNARD, Pascal. *O nome na ponta da língua*. Tradução de Ruth S. Brandão e Yolanda Vilela. Belo Horizonte: Chão da Feira, 2018.

RIVAS, Robert. "Poemas de amor del Antiguo Egipto", disponível em *Idiomas Olvidados*: <http://inutilesmisterios.blogspot.com.br/2012/01/poemas-de-amor-del-antiguo-egipto.html>; acesso em 2/5/2018.

_____. "Más poemas de amor del Antiguo Egipto", disponível em *Idiomas Olvidados*: <http://inutilesmisterios.blogspot.com.br/2012/03/mas-poemas-de-amor-del-antiguo-egipto.html>; acesso em 2/5/2018.

_____. "Poemas de amor del Antiguo Egipto" (3ª y última parte), disponível em *Idiomas Olvidados*: <http://inutilesmisterios.blogspot.com.br/2015/05/poemas-de-amor-del-antiguo-egipto-3-y.html>; acesso em 2/5/2018.

SECCO, Livio. *Dizionario egizio-italiano, italiano-egizio*. Turim: Kemet, 2015.

SCHULZ, Regine; SEIDEL, Matthias (orgs.). *Egipto: El mundo de los faraones*. Tradução de José Miguel Storch de Gracia e Enrique López de Ceballos. Potsdam: H. F. Ullmann, 2007.

SHEIKHOLESLAMI, Cynthia May. "P. Turin 1966: Songs of the Fig Trees". In: NAVRATILOVÁ, Hana; LANDGRAFOVÁ, Renata (orgs.). *Sex and the Golden Goddess II: World of the love songs*. Praga: Faculty of Arts Charles University in Prague, 2015, pp. 81-104.

SWEENEY, Deborah. "Gender and language in the Ramesside love songs". *Bulletin of Egyptological Seminar*, vol. 16, 2012, pp. 27-50.

THOMSON, D. F. S. *Catullus, edited with a textual and interpretative commentary*. Toronto: University of Toronto Press, 1997.

VALE, Alessandra Pinto Antunes. *O desenvolvimento da literatura lírico--amorosa no Egito Antigo: individualidade, gênero e religiosidade no Período Raméssida (XIX-XX dinastias, 1295-1069 a.C.)*. Tese (Doutorado em História). Seropédica: UFRRJ, 2023.

VERNUS, Pascal. *Chant's d'amour de l'Égypte antique*. Paris: Imprimerie Nationale, 1992.

VINSON, Steve. "Behind closed doors: architectural and spatial images and metaphors in ancient Egyptian erotic poetic and narrative literature". In: NAVRATILOVÁ, Hana; LANDGRAFOVÁ, Renata (orgs.). *Sex and the Golden Goddess II: World of the love songs*. Praga: Faculty of Arts Charles University in Prague, 2015, pp. 121-44.

WEST, Martin L. *Textual criticism and editorial technique: applicable to Greek and Latin texts*. Stuttgart: Teubner, 1973.

Sobre o autor

Guilherme Gontijo Flores nasceu em Brasília, DF, em 1984. É poeta, tradutor e professor de latim na Universidade Federal do Paraná. Publicou os livros de poesia *brasa enganosa* (Patuá, 2013), *Tróiades* (Patuá, 2015, site <www.troiades.com.br>), *l'azur Blasé* (Kotter/Ateliê, 2016), *ADUMBRA* (Contravento, 2016), *Naharia* (Kotter, 2017), *carvão : : capim* (Editora 34, 2018), *avessa: áporo--antígona* (Cultura e Barbárie/quaseditora, 2020), *Todos os nomes que talvez tivéssemos* (Kotter/Patuá, 2020) e *Potlatch* (Todavia, 2022), além do romance *História de Joia* (Todavia, 2019) e das parcerias *Arcano 13*, com Marcelo Ariel (Quelônio, 2021), *A Mancha*, com Daniel Kondo (FTD, 2021), *Entre costas duplicadas desce um rio*, com François Andes (Ars et Vita, 2022) e *Uma A Outra Tempestade*, com André Capilé (Relicário, 2022).

Como ensaísta, lançou *Algo infiel: corpo performance tradução*, com Rodrigo Gonçalves e fotos de Rafael Dabul (Cultura e Barbárie, 2017), *A mulher ventriloquada: o limite da linguagem em Arquíloco* (Zazie, 2018), *Tradução-Exu*, com André Capilé (Relicário, 2022), e *Que sabe de si: o híbrido, a memória, a fúria* (UFPR, 2023).

Como tradutor, publicou, entre outros: *A anatomia da melancolia*, de Robert Burton (4 vols., Editora UFPR, 2011-2013, vencedor dos prêmios APCA e Jabuti de tradução), *Elegias de Sexto Propércio* (Autêntica, 2014, vencedor do Prêmio Paulo Rónai de tradução, da Fundação Biblioteca Nacional), *Fragmentos completos de Safo* (Editora 34, 2017, vencedor do Prêmio APCA de tradução), *Epigramas de Calímaco* (Autêntica, 2019), *Ar-reverso*, de Paul Celan (Editora 34, 2021), além de *Pantagruel e Gargântua* (2021), *Terceiro, Quarto e Quinto livros de Pantagruel* (2022) e *O ciclo de Gargântua e outros escritos* (2023), os três volumes das *Obras completas* de François Rabelais (Editora 34).

Foi um dos organizadores, com Raimundo Carvalho, Márcio Meirelles Gouvêa Júnior e João Angelo Oliva Neto, da antologia *Por que calar nossos amores? Poesia homerótica latina* (Autêntica, 2017). Foi coeditor do blog e revista *escamandro: poesia tradução crítica* (<www.escamandro.wordpress.com>). Nos últimos anos vem trabalhando com tradução e performance de poesia antiga e participa do grupo Pecora Loca.

ESTE LIVRO FOI COMPOSTO EM SABON,
PELA FRANCIOSI & MALTA, COM CTP DA
NEW PRINT E IMPRESSÃO DA GRAPHIUM
EM PAPEL PÓLEN NATURAL 80 G/M² DA
CIA. SUZANO DE PAPEL E CELULOSE PARA
A EDITORA 34, EM AGOSTO DE 2023.